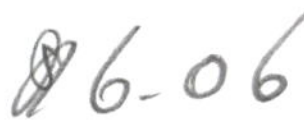

Oye Dios!
Es Hora de Despertar

Pueden contactarnos en:
www.Losishayas.com
Losishayas@Losishayas.com
Argentina:
Susana y Claudia Esmoris
e-mail: Sesmoris@laufquen.com.ar
luzdentrodeti@yahoo.com.ar
Tel: (54-11) - 4504 - 6876
(54-11) - 4581 - 5465
(54-11) - 4582 - 8103
Colombia:
Pedro y Olga Carmona
e-mail: gustavoc@col-online.com
Tel: 57-1-253 5411
57-1-533 2095
Venezuela:
Centro Ishaya
e-mail: Losishayas@Losishayas.com
Tel: 58-281-281 2635
Damos también cursos en los siguientes países:
Bolivia, Brasil, Chile, Ecuador, Paraguay, Perú, España y Uruguay, así como en Miami, FL., U.S.A.

Sakti Ishaya
y Bhushana Ishaya

Oye Dios! Es Hora de Despertar

Ascensión de los Ishayas

CUARTA EDICION

158.1 SAK

Sakti Ishaya
Oye Dios! es hora de despertar : ascensión de los Ishayas / Sakti Ishaya y Bhushana Ishaya. - 1a. ed. 4a. reimp.- Buenos Aires : Kier, 2002.
112 p. ; 20x14 cm. - (Horus)

ISBN 950-17-0221-9

I. Bhushana Ishaya II. Título - 1. Autoayuda

Ilustración de tapa:
Jimmy Waren
Diseño de tapa:
Graciela Goldsmidt
Corrector de pruebas:
Darío Bermúdez
Composición tipográfica:
Estudio Fotoarte
LIBRO DE EDICION ARGENTINA
Queda hecho el depósito que marca la ley 11.723

Av. Santa Fe 1260 (C1059ABT), Buenos Aires, Argentina.
Tel: (54-11) 4811-0507 Fax: (54-11) 4811-3395
http://www.kier.com.ar - E-mail: info@kier.com.ar
Impreso en la Argentina
Printed in Argentina

Todos somos uno.
Todos somos Dios.
Lo único que existe es el amor.
¡Es hora de despertar!

Subí a El Morro, en Venezuela,
El sol bailando en el Caribe
Me hipnotizaba
El viento soplaba
Y las aves marinas
Flotaban sin esfuerzo.

Observando
Observando

Mientras más fuerte soplaba
Más quietos permanecían

Observando
Observando

Esto, para mi, es la Ascensión
Paz absoluta
En el devenir turbulento
De la vida.

Siempre
Observando
Observando

Oye Dios! Es Hora de Despertar

"¡Yo soy una Ishaya. Siempre he sido una Ishaya, y quiero tomar mis votos Ishaya!" Nunca había estado tan segura de algo en toda mi vida y luego el universo me mostró *cuán equivocada estaba*. Era mucho más qué una Ishaya. Me volví todo, la ilusión se mostró tal cual era, y yo grité: "¡No puedo creer cuán grande soy! No existe nada que yo no sea. Soy todo, soy todos, es todo lo que existe. Nada de esto es real. Yo soy el creador y la creación. ¡Yo soy Dios! Sólo existe el amor y me es difícil creer lo feroz que puede ser el amor, pero sigue siendo amor. No hay separación. Yo he creado todo y todo es una ilusión. Todos somos Uno. Todos somos Dios y lo único que existe es el amor".

Experimenté una explosión masiva de energía; pasé de lo femenino a lo masculino y regresé, con todo mi rostro cambiado físicamente. El matrimonio de las energías Shiva y Sakti se produjo en el chakra coronario, y luego caí dentro de mi corazón para siempre...

Este libro está dedicado al difunto Maharishi Sadashiva Isham por enseñarnos el invalorable regalo de las técnicas de Ascensión de los Ishayas, así como a todos aquellos que ascienden en el mundo pues están sanando a la humanidad a través de su propia sanación. Agradecemos muy especialmente a Olga y Pedro Carmona, a Alba y Helmer y a todas las personas que ayudaron a traducir este libro y también a Claudia Mendoza, Susana Esmoris y a Claudia Andrea Sentineo.

Con Alabanza, Gratitud y Amor,
Sakti Ishaya y Bhushana Ishaya.

La soledad de mi pozo
Está lleno de lágrimas
La cadena de mis deseos
Se destruye con mis miedos
El éxito se cultiva
No de perlas naturales
Pero mi amor por ti
Mi bienamado
Está por encima de todo
Tu Amor interior
Llévalo siempre contigo
Tu Amor interior
Permanecerá por siempre allí
Tu Amor interior
Llévalo siempre contigo
Tu Amor interior
Permanecerá por siempre allí.

Capítulo 1
¡Es Hora de Despertar!

Nuestra Historia

Durante dos años me dije a mí misma: "¡Es hora de despertar, tienes trabajo que hacer!". No tenía idea de lo que estaba diciendo. A decir verdad, nadie la tenía. No tenía ningún conocimiento ni sabía ningún concepto acerca de la iluminación. Mi compañero me decía: "¿Qué quieres decir cuando dices despertar?". Yo contestaba: "No sé, pero sí sé que todos estos dramas estúpidos no son reales y necesito despertar a la verdad. Necesito ayudar a todo el mundo a despertar también. **¡Hay mucho trabajo por hacer!**".

Hemos pasado tres años trabajando, viviendo, enseñando, aprendiendo y creciendo juntas; parece más bien toda una vida. Somos monjes Ishaya y dedicamos nuestras vidas a experimentar la Conciencia Crística y a ser perfectos espejos de nuestra divinidad. Este es el juego que hemos elegido jugar y lo estamos jugando al 100%. Hemos dedicado los últimos dos años y medio a enseñar a miles de personas a ascender aquí en América del Sur y hemos entrenado nuevos maestros para ayudarnos en esta tarea, ya que hemos escogido Sudamérica para que sea el catalizador del despertar espiritual a través del mundo y las dos nos sentimos bendecidas y privilegiadas por estar aquí.

Nos encanta contar historias cuando enseñamos y hemos incluido muchas historias en este libro. Algunas han sido escritas por otros maestros de ascensión, algunas son de libros que hemos leído de otros autores, y otras son de fuentes desconocidas. Hemos cambiado la mayoría de ellas para transmitir nuestro mensaje más claramente. Queremos agradecer a todos aquellos que contribuyeron con sus historias para este texto. Si no hemos reconocido a alguien en forma específica, por favor acepten nuestras disculpas y entiendan que no estamos seguras de todas las fuentes.

Todo este libro es un conjunto de nuestras experiencias. La mayoría de ellas las hemos vivido juntas pero no hemos querido individualizarlas, puesto que somos uno. Así pues, hablaremos en primera persona, independientemente de que la experiencia que estemos compartiendo sea de Sakti o de Bhushana. De ahora en adelante siempre hablaremos en primera persona independientemente de que estemos hablando de alguna de las experiencias específicas de cada una o de una combinación de algo que nos pasó a ambas, y cuando utilicemos la palabra TÚ o NOSOTROS estaremos hablando de todos nosotros colectivamente. Finalmente, los poemas son letras de canciones que escribí; seguramente no rimarán al traducirlos al español, pero qué más da.

En Esencia, la Vida es un Juego

En última instancia la vida es un juego, un juego de limitaciones. No tiene nada que ver con la verdad de quienes somos. No tenemos idea de la grandeza de quienes somos: creamos todo a cada momento y no hay nada más que eso.

Somos el creador y la creación, no hay separación, todos somos uno, siempre hemos sido uno y lo único que existe es el Amor.

Voy a decir cosas que te pueden molestar, puedes no estar de acuerdo con ellas, pero en ningún momento te pediré que adoptes un nuevo sistema de creencias. Solamente estoy compartiendo mi experiencia, invitándote a leer este libro con una mente abierta y un corazón inocente. ¿Y si lo que yo digo es verdad? ¿Y si te dijera que tú eres Dios? ¿Que tú eres lo único que existe? Tú has creado esta ilusión generalizada de limitación y tiempo. ¿Y si te dijera que lo único que ha existido siempre es lo que tú has experimentado? ¿Qué pensarías si te dijera que la tierra no tiene millones de años? Tú creaste esa ilusión para erigir el concepto de tiempo, y tú también creaste la evidencia científica para precisar y justificar tu ilusión. Esto incluye la historia así como los conceptos de vidas pasadas, bien y mal, correcto y equivocado, noche y día, bello y feo, luz y oscuridad, dolor y alegría, blanco y negro, homosexual y heterosexual, masculino y femenino, religión, países e idiomas, política, héroes y villanos, separación, separación, separación. Todo ha sido creado para convencerte de que existe la separación y la dualidad. ¡Tú has creado toda separación y dualidad, tú has creado todo!

Jugando el Juego

Podrías pensar que hay algo a lo que puedes regresar, pero la verdad es que nunca te has ido. No hay dónde ir, porque todo está dentro de tu conciencia. El reino del cielo que buscamos tan insistentemente está adentro. Estás viviendo una perfecta experiencia humana, una experiencia de lo que no eres. El mundo es perfecto exactamente como es. Es una perfecta ilusión de limitación y dualidad. La decepción es perfecta y muy convincente. Es muy difícil jugarle un truco a Dios pero eso es lo que has decidido hacer: dejarte engañar por la ilusión para que puedas jugar el juego. Tú eres la fuente de todo Amor, no hay nada que desear, eres perfecto tal cual eres. Lo único que tienes que cambiar es tu percepción. ¿Esto te sorprende? ¿Te fastidia?

La gente me dice: "¿No ves el sufrimiento, las guerras, el terrorismo? ¿Acaso no ves la injusticia? Tú no entiendes". **Y yo siempre contesto**: "Todo está en tu cabeza, todo tiene que ver con tu percepción. Todo el mundo está creando exactamente lo que él o ella necesita en todo momento para jugar el juego y todo el mundo creará exactamente lo que él o ella necesita cuando quiera despertar; despertar a la verdad de quien eres: el Infinito, la Fuente de todo lo que es, Dios".

El mundo existe para que tú juegues el juego. Todos están jugando su rol para ti: están hambrientos por ti, están muriendo por ti, están rompiendo su corazón por ti, están sufriendo por ti, están yendo a la guerra por ti, están escribiendo poemas y conciertos para ti, están llorando por ti, están riendo por ti, y yo estoy escribiendo este libro para ti. Todos, todo, cada lugar, existe solamente **para ti, porque ¡TÚ ERES EL ÚNICO AQUÍ!**

¿Cómo Puedo Cambiar el Mundo?

Solía ser una gran abanderada de las causas humanitarias, luchando contra la injusticia, marchando por todo, tratando de arreglar el mundo porque era obvio para mí que algo estaba muy mal. Una de mis historias favoritas es *Ángel Pequeño*, escrita por Donald Walsch. La he cambiado un poco pero creo que de pronto esta historia puede ayudarte a entender que todo es exactamente como lo concebimos y como lo creamos.

Érase una vez un pequeño ángel que vivía en el cielo. Él sabía que era Dios, sabía que era la luz y sabía que lo único que existía era el Amor. Un día estaba caminando por el cielo y escuchó otros angelitos hablando sobre el dolor y el miedo. Les preguntó: "¿Qué es eso llamado dolor? Nadie podría hacerme daño pues yo soy Dios, yo soy la luz. Y ¿qué es eso llamado miedo? ¿A qué podría yo temerle si lo único que existe es el Amor?".

Los otros angelitos le dijeron: "Sí, sí, lo sabemos, lo sabemos... es un juego". El angelito exclamó dando brincos de emoción: "¿Un Juego? ¡Me encantan los juegos! Quiero jugar, quiero jugar". Los otros ángeles respondieron: "Espera un minuto, no es tan fácil. Primero, tienes que bajar a la Tierra y tienes que encontrar a alguien que quiera jugar contigo, alguien que quiera herirte y asustarte profundamente". El angelito dijo: "¡Uy, qué maravilla! ¿Quién quiere jugar conmigo y herirme intensamente y asustarme mucho? ¿Quién me ama tanto?".

Un angelito se acercó y dijo: "Yo juego contigo". Y el pequeño ángel preguntó "¿De veras? ¿Prometes herirme mucho y asustarme mucho? ¿Tanto me amas?" El ángel le contestó: "Sí, te lo prometo, pero tú también tienes que prometerme algo, prometerme que te vas acordar de que esto es sólo un juego".

¿Recuerdas esta conversación? ¿No? ¡Pero tú lo prometiste!
¡Es sólo un juego!

Nadé en contra de la corriente,
La furia de los mares me revolcó,
En mi último intento por respirar,
Un delfín plateado se me acercó
Diciendo:
"Déjalo ir, déjalo fluir.
Las corrientes de la vida pueden ser lentas,
Pero nos guían hacia la luz,
Sólo el amor a la vista
Déjalo ir".

Capítulo 2
¿Aún no has Sufrido Suficientemente? Es Hora de Dejarlo Ir

¡El Sufrimiento es Algo Bueno, es Hora de Dejarlo Ir!

A veces sufrir es algo bueno porque llega un punto donde te dices a ti mismo: "Suficiente. ¡No más! No quiero más esta agonía y este dolor". Cada semana oigo los dramas de tantas personas, y es increíble, entiendo todos y cada uno de ellos porque los he vivido todos en el pasado. Escucho cada drama concebible en este mundo, lo juro, y es como si me estuviera gritando a mí misma: "Es tan claro, tan simple todo esto. Es hora de soltar".

Cuando busco afuera de mí misma, esperando encontrar felicidad duradera, paz o amor, siempre me voy a decepcionar. No hay felicidad duradera ni consistente, o paz, o amor, fuera de mí. Yo soy la fuente de mi propia miseria o felicidad y es mi elección la que experimento en cada momento. Qué elección: miseria y sufrimiento, por un lado, o felicidad, alegría, amor, y paz por el otro. Para poder experimentar paz, alegría y amor duraderos a mi alrededor, primero tengo que estabilizarlos dentro de mí, por mí misma. Mi mundo está en constante cambio y cuando yo trato de aferrarme a algo o a alguien empiezo a crear dolor, no sólo para mí, sino también para la persona a la cual me estoy aferrando.

Solía ir a flotar en neumático a un gran río cercano a mi casa. Solía sentarme en un neumático grande y flotar río abajo, disfrutando de los pájaros cantando, la vista y la naturaleza. Mientras permitía que el neumático flotara junto con el río, todo estaba bien. Era una experiencia siempre cambiante. A veces el nivel del río estaba alto y caudaloso por las fuentes lluvias; otras veces estaba bajo y la corriente fluía suavemente. Pero un día la corriente del río estuvo particularmente fuerte y yo me asusté al ir tan rápido, entonces me agarré de una rama que colgaba cerca de la orilla para reducir la velocidad y casi me vuelco. En ese momento, mi vida pasó delante de mis ojos y comprendí que tratar de frenar o aferrarme a algo en la orilla me causaría dolor y sufrimiento. Caer al río en ese momento hubiera sido muy peligroso y hubiera podido ahogarme.

De la misma manera, cuando me aferro a algo o alguien en mi vida, siempre experimento dolor y sufrimiento, ya sea desde un principio o posteriormente. Soltar es tan liberador y agradable; nunca sé lo que hay a la vuelta de la esquina en el río de mi vida: una piscina grande y calmada, rápidos, o una caída de agua, todo es para mi placer y mi alegría. Seguir la corriente del río de la vida es una aventura, así que yo circulo con ella, sin detenerme a arrepentirme por la manera en que pasé por las últimas corrientes o a preocuparme por lo que hay en la próxima esquina, sino disfrutando totalmente lo que tengo aquí y ahora. Ahí es donde está el poder, ahí es donde está la libertad. Todo está en el Ahora.

El sufrimiento ha sido algo bueno para mí porque llegué a un punto en que sentí que ya había sido suficiente, ya había sufrido suficientemente y no podía seguir padeciéndolo. No podía seguir dependiendo de otros y de cosas para sentirme segura o amada. Deseaba libertad absoluta y cuando ya había gritado suficientemente fuerte y por suficiente tiempo, el universo finalmente me respondió.

Tenía una familia, tenía amigos, una propiedad hermosa frente al mar, un negocio exitoso con muchos empleados, más dinero del que yo podía gastar, un perro que me amaba, y un compañero al que yo amaba pero que no se comprometía conmigo. Era atractiva y tenía éxito, según los estándares del mundo, pero estaba vacía y tenía miedo. Miedo a la pérdida, miedo al abandono, miedo al fracaso, y miedo a tomar decisiones equivocadas.

Es tan simple permanecer en el momento presente y permitir que todo y todos fluyan alrededor mío y a través de mí. Siento un amor y una paz tan grandes que es a veces abrumador. No encuentro las palabras para describírtelo ni a ti ni a nadie: es simplemente indescriptible. No siento ningún miedo mientras esté en el momento presente. No siento resistencia, ni miedo al futuro, ni miedo a si me aman o no me aman, ni miedo de lo que puedo estar haciendo el próximo mes, ni miedo de encontrar a alguien en especial para amar y para que me ame, ni miedo de agradar a alguien. Soy la fuente de todo amor, y eso sigue burbujeando dentro de mí. Lo comparto libremente con cualquiera y con todos en mi espacio.

Hemos sido tan condicionados y programados para buscar la felicidad y el amor afuera de nosotros mismos, pensando que esto o aquello nos hará felices y siempre nos decepcionamos. Pensamos: "Bueno, de pronto la próxima relación funcionará, simplemente necesito encontrar a la persona adecuada". ¡Qué ridículo! ¡Yo soy esa persona! Ahora encuentro todo bastante cómico pues sé que todo lo que necesito hacer es amarme incondicionalmente y sin juzgarme.

Fue mientras escuchaba a tantas personas expresar sus experiencias que esto se volvió perfectamente claro para mí: todos piensan que la felicidad verdadera y duradera está en otra persona o en otra cosa, siempre afuera de uno mismo. "Si él/ella me amara yo sería feliz." "Estábamos tan enamorados, si él/ella no se hubiera muerto, seguiría siendo feliz." "Si yo tuviera más dinero, podría ser feliz." "Si yo tuviera una casa más grande o más bonita, podría ser feliz." "Si yo tuviera hijos, sería feliz." Y sin embargo, eso que perseguimos tan insistentemente (ser amada/o, ser feliz o exitoso/a) es lo que usualmente nos trae más dolor.

Buscamos con insistencia fuera de nosotros mismos la felicidad, el amor y la paz. Eso es lo más frívolo que alguien puede hacer, pensar que una nueva relación, una carrera exitosa, más dinero, más poder, hijos hermosos, una familia amorosa o cualquier cosa fuera de nosotros nos va a traer felicidad duradera, amor y paz. En el corto plazo estas cosas nos pueden traer felicidad, pero eventualmente la felicidad desaparece. Todo aquello que está fuera de ti mismo, incluyendo tu cuerpo, te puede ser arrebatado; en realidad, la mayoría de las cosas que nosotros deseamos nos traen miseria y descontento porque no importa cuántas cosas maravillosas tengamos en nuestras vidas, siempre nos enfocamos en lo que no tenemos o lo que podemos perder, y ésta es la locura más grande.

Cuando era joven y tenía poco dinero, creía que cuando tuviera mucha plata y poder sería feliz y experimentaría la libertad total. Trabajé muy duro durante mi vida para amasar una pequeña fortuna, tenía cincuenta empleados y estaba encargada de tres mil hombres en una planta de refinamiento de gas muy grande. Finalmente tenía el poder y el dinero que siempre había buscado con desesperación. Eventualmente hice más dinero del que podía gastar y tenía muchas posesiones hermosas. Lo cómico era que, cuanto más dinero hacía, más me preocupaba por perderlo y realmente no estaba experimentando la verdadera libertad porque tenía que seguir trabajando largas horas para mantener mi estilo de vida.

Puedo vivir en perfecta armonía con todo el mundo porque soy capaz de ser perfectamente feliz sin nadie. Ya no estoy tratando de llenar ese vacío persistente. No necesito a nadie para que me haga feliz. No necesito nada para que me haga feliz. Ninguna cantidad de dinero, ninguna cantidad de salud, ni mi familia, ni mis amigos, ni mis hijos ni mi amante me pueden hacer feliz o hacerme sentir amada. Sólo yo puedo hacer eso, y eso es lo que estoy haciendo ahora.

Es casi cómico para mí mirar atrás y ver el camino por el cual me he tambaleado durante toda mi vida. Yo era feliz y pensaba que si encontraba a alguien especial eso haría mi vida completa, más llena. ¡Qué tonta fui!, pero qué increíble ha sido el camino. Ahora, me puedo relacionar con otros que están haciendo lo mismo y puedo compartir mi experiencia con ellos con la esperanza de sacarlos de su miseria y de los huecos en los que han caído.

¡Oye Dios, es hora de despertar!
¡Es hora de despertar a la verdad de quien realmente eres!

Busca el cielo y
Te daré una estrella
Busca la grandeza
De quien eres
Todo lo que necesitas saber
¡Es que te amo tanto!
El Amor es un regalo que te doy
Compártelo en todo lo que hagas
Y no dudes
Es inagotable

Sólo tu puedes decidir
Lo que quieres de la vida
Sólo tu puedes decidir
Quien quieres ser
En esta vida

La vida es un fabuloso misterio
Busca la verdad y verás
Que tu guía está muy dentro de ti
Busca la belleza en todo lo que soy
Es un reflejo que tú ves
Y deja ir al miedo, para que puedas crecer

Sólo tu puedes decidir
Lo que quieres de la vida
Sólo tu puedes decidir
Quien quieres ser
En esta vida.

Capítulo 3
¿Qué es lo que Realmente Quieres?

Imagínate que, caminando por la playa, tropiezas con algo. Te agachas a recogerlo y te das cuenta de que es la lámpara de Aladino, e inmediatamente la empiezas a frotar. Un genio salta y te dice: "Ya te he dado todo el dinero y todo el poder del mundo, te concederé un deseo más, ¿qué quieres?" Piénsalo, ¿qué quieres realmente?

Quiero que seas claro sobre lo que quieres. Todo el mundo sabe lo que no quiere. Todos piensan para sí mismos: "Espero que mis hijos no usen drogas, realmente espero que no me enferme, realmente espero no perder mi trabajo..." Sin embargo, ¿qué es lo que creamos? ¡Todas aquellas cosas que no queremos! Nuestros hijos empiezan a usar drogas, nos enfermamos y perdemos nuestros trabajos. Somos maestros creadores y estamos creando todo, todo el tiempo, pero usualmente desde un nivel subconsciente. Estamos creando desde nuestras creencias de limitación y negatividad.

La Percepción es Todo

Cuando viajo por Sudamérica o por el mundo, me resulta interesante observar cómo las personas tienen una profunda percepción de carencia. No importa en qué ciudad esté, sea Zurich, Suiza o Bogotá, Colombia, o Timbuktu, las personas siempre dicen que les falta dinero. Me explican sobre los problemas económicos, mientras muestran sus manos llenas de diamantes o me explican que necesitan que yo entienda que no es barato mantener el seguro de un Mercedes Benz nuevo, etc. No puedes imaginarte cuánto me duele el corazón.

Parece ser que no importa cuánto dinero tengan, siempre tienen una percepción de carencia. Nosotros, como sociedad, estamos entrenados a pensar de esta manera. Una de las primeras limitaciones que yo trato de romper es la de conciencia de víctima. Cuando las personas se me acercan con sus historias tristes yo les recuerdo que ellos son Dios y los sostengo en su grandeza y les digo que pueden crear el dinero o cualquier cosa que realmente quieran.

También veo que vienen a mí personas de bajos recursos. A ellos los veo como creadores maestros, no como víctimas de una influencia externa o de circunstancias externas. Y bajo estas circunstancias, cuando crean el dinero para el curso de ascensión éste tiene un impacto muy increíble en ellos. Esto cambia las vidas de ellos y su percepción cambia para siempre, porque los empujé hacia la grandeza de lo que son, en vez de verlos como víctimas. Les enseño a ser guerreros en vez de mendigos. Su autoestima se incrementa porque han logrado algo que no creían que era posible. La habilidad para crear tiene todo que ver con la autoestima.

Me gustaría contarte una historia sobre prioridades. Recuerdo que después de la crisis del año 89, la economía estaba muy mal en Australia. Eso era todo sobre lo que la gente quería comentar. Teníamos una conciencia colectiva de que todo iba muy mal financieramente, había estadísticas para probarlo y llegó a los titulares de los periódicos. Estaba trabajando en el área de ventas en un trabajo en el que estaba ganando muchísimo dinero. Después de la crisis, conseguía apenas lo suficiente para pagar mis cuentas. Estaba quejándome de todo, de la economía, odiando mi trabajo, etc. Luego me enamoré de alguien en los Estados Unidos y decidí que quería ir allá por seis meses. No hace falta decirlo, esto me costaría mucho dinero, dinero que no tenía. Sin embargo, de un momento a otro, mi prioridad había cambiado. Tenía un deseo tan grande de estar en los Estados Unidos que mis ventas se incrementaron substancialmente y estaba ganando diez veces más que cualquier otra persona en la compañía. Mi enfoque estaba dirigido hacia un punto y mi deseo era muy fuerte. Parecía como si estuviera lloviendo dinero. La situación económica no había cambiado, pero yo sí, en cuanto a lo que era importante para mí.

Cuando tengo claridad sobre lo que deseo y enfoco mi atención en Alabanza, Gratitud y Amor, como hago con las actitudes de ascensión, esto es precisamente lo que creo en mi vida. Todo el universo me apoya. Cuando quiero enfocarme en la negatividad y en la carencia todo el universo también me apoya, porque aquello en lo que concentro mi atención, crece. Entonces, ¿en qué quieres enfocarte? ¿En Alabanza, Gratitud y Amor o en carencia, negatividad y limitación? Es tu decisión: Miedo o Amor, Verdad o Ilusión. ¿Cuál eliges? Está todo en tu cabeza.

Uno de los maestros en entrenamiento tuvo una experiencia similar. Costaba una cantidad substancial de dinero hacer el curso de maestría y él no tenía ese dinero, ni tenía trabajo (solamente una empresa de textiles que había quebrado). Quería convertirse en asistente por un año para pagarse su entrenamiento. Le dije que yo sabía que podía conseguir el dinero en menos de dos meses. Fui muy dura con él, sin darle contentillo, viéndolo como un maestro creador. Le dije que tenía que tener todo el dinero antes de iniciar el entrenamiento.

Vendió sus objetos personales, cosas de su empresa y le pidió apoyo a la gente solicitándole dinero, lo cual es siempre muy difícil de hacer. Estaba dispuesto a hacer lo que tuviera que hacer, y logró conseguir toda esa suma a tiempo para iniciar el primer entrenamiento para maestros de habla hispana en el mundo.

La Historia del Canguro

Nosotros también necesitamos ser muy claros y específicos sobre lo que queremos. Quiero compartir contigo una historia que me contó uno de mis amigos en Bogotá, Colombia. Irónicamente, sucedió en Australia.

El primo de mi amigo siempre quiso tomarse una foto con un canguro. Durante toda su niñez pedía plata en vez de regalos en sus cumpleaños y en Navidad, para poder conseguir el suficiente dinero para ir a Australia y tomarse una foto con un canguro. En su cumpleaños número dieciocho, había ahorrado suficiente dinero para cubrir el plan económico para ir a un campo australiano donde había muchos canguros. Su familia estaba muy contenta y él prácticamente no lo podía creer.

Cuando llegó a Australia, su vuelo arribó con retraso y perdió la conexión con el bus hacia su hotel reservado en el campo y, dado que sus recursos eran limitados, decidió hacer dedo. Un hombre australiano lo recogió y empezaron a circular por el área rural. El hombre con quien viajaba se cansó y dijo que tendría que parar para dormir en un hotel. El muchacho dijo que no tenía suficiente dinero para quedarse en el hotel pero que podría continuar manejando mientras el otro hombre durmiera, ya que tenía su licencia de conducir.

El hombre estaba bastante preocupado. Primero, los

australianos manejan en el sentido opuesto a los colombianos y, segundo, las carreteras australianas son muy peligrosas de noche porque los canguros se le atraviesan a los carros. El muchacho colombiano aseguró que manejaría con mucho cuidado. Luego de dos horas de manejo, un canguro saltó de los arbustos y se dirigió al carro. El muchacho frenó en seco y el hombre se despertó. Salieron a ver al canguro y era obvio que estaba muerto, aunque no tenía ninguna marca. El muchacho le contó al hombre sobre su sueño de tomarse una foto con un canguro. Así que pararon al canguro, el muchacho le puso el morral encima y su brazo alrededor y le pidió al hombre que le tomara una foto. Cuando se iluminó el flash, enorme sería su sorpresa al ver que el canguro no estaba muerto, solamente estaba privado y salió corriendo hacia los matorrales con el morral del muchacho, su pasaporte, su dinero, su tiquete de avión, y todo lo que él tenía. El muchacho fue a hablar con las autoridades australianas y éstos encontraron su historia bastante dudosa, por lo cual decidieron deportarlo a Colombia con solo una foto de él y el canguro. Ten cuidado con lo que pides, lo puedes conseguir. ¡Ja, Ja!

¿Crees esta historia? Yo no estaba convencida de que fuera cierta hasta que oí que un canguro australiano aterrizó en el aeropuerto de Bogotá, solamente con un morral y un pasaporte, alegando (en su mal español) ser un colombiano de dieciocho años. Fue así que supe que la historia era real.

Creando desde el Nivel Consciente

Las Actitudes de Ascensión nos ayudan a empezar a crear desde un nivel consciente. En otras palabras, primero debemos ser claros y específicos sobre lo que queremos, y con el uso de las Actitudes de Ascensión como nuestras herramientas, podemos empezar a crear desde un nivel consciente. Ese es el primer paso. El segundo paso es entender que no siempre conocemos el cuadro completo o lo que es mejor para nosotros en un momento dado.

Cómo Empieza la Magia

Todo en nuestra vida es transitorio y cuando abrimos nuestros brazos y soltamos las preconcepciones acerca de cómo deben ser las cosas, es ahí donde empieza la magia. Nos abrimos a posibilidades sin límites, mucho más maravillosas que nuestros sueños más grandes.

Por ejemplo, cuando hice el entrenamiento para maestra en Waynesville, Carolina del Norte, estaba muy apegada a Australia. Pensé que iba a hacer el entrenamiento y luego regresaría y crearía un Centro para Ascensión en mi propiedad. Nunca hubiera imaginado que estaría enseñando en Sudamérica, en otro idioma, las clases más grandes que se han enseñando en el mundo. Ahora no hay otro lugar donde me gustaría estar. Simplemente fluí con mi universo. Poco a poco he aprendido simplemente a soltarme y fluir, sin preocuparme por el futuro sino confiando en que estoy creando todo perfectamente, sin importar lo que esto aparente ser.

Fluyendo con mi Universo

Luego de viajar y enseñar en Venezuela durante tres meses, decidimos buscar un lugar permanente para establecer un centro base para la difusión de la Ascensión en Venezuela. Dos de los maestros estaban buscando un lugar práctico cerca de Caracas porque la mayoría de los que ascendían en ese entonces vivían allá. Todos nosotros queríamos vivir frente al mar. Inicialmente estábamos buscando en la Guaira, pero nada parecía fluir para nosotros. Sin importar qué tan persistentemente tratábamos, no lográbamos encontrar un lugar allí que cumpliera con nuestros requisitos.

Uno de los maestros dejó aflorar su deseo de vivir encima de una montaña llamada El Morro, cerca de Puerto La Cruz. Cuando contactamos al agente inmobiliario, nos llevó directamente al apartamento que el maestro había señalado seis semanas antes, sin tener ningún conocimiento previo de dónde queríamos vivir.

Encontramos un apartamento en la ciudad de Puerto La Cruz, en una montaña con vista hacia el océano. Nos mudamos el 14 de Diciembre. El 15 hubo una inundación catastrófica que borró el Estado de la Guaira y la enterró bajo toneladas de lodo. Miles de personas perdieron sus vidas y cientos de miles perdieron sus viviendas. Muchos de los lugares que habíamos visto fueron completamente destruidos, enterrados por el lodo. Entonces, la lección más grande es siempre fluir con tu Universo porque no sabes cómo es la película completa.

El Viejo Sabio

Hay una historia acerca de un viejo sabio en la China que tenía un caballo y un hijo. Todos sus vecinos le tenían lástima y siempre le decían: "Qué triste que todo lo que tienes es un hijo y un caballo". El viejo sabio siempre respondía con las siguientes palabras: "¿Qué es bueno, qué es malo, quién sabe?"

Un día, el caballo se escapó. Todos los vecinos se le acercaron con mucha compasión, diciendo: "¡Es terrible, tu único caballo se escapó y ahora solamente tienes a tu hijo. Es terrible!". Como siempre, el viejo encogió sus hombros y dijo: "¿Qué es bueno, qué es malo, quién sabe?".

Pasó una semana y el caballo regresó, y con él venían doce hermosos caballos salvajes. Los vecinos estaban muy emocionados y corrieron hacia el viejo proclamando su buena fortuna: "Es tan maravilloso, ahora tienes muchas posesiones". El viejo sabio respondió una vez más encogiendo sus hombros con las acostumbradas palabras: "¿Qué es bueno, qué es malo, quién sabe?".

El viejo sabio le dijo a su hijo que comenzara a entrenar a los caballos salvajes para que pudieran serles útiles. Un día, el hijo estaba montando un caballo particularmente salvaje, se cayó y se rompió ambas piernas. Cuando los vecinos supieron, llenos de lástima le decían: "Qué cosa tan horrible lo que le pasó a tu único hijo". El viejo sabio nuevamente se encogió de hombros y dijo: "¿Qué es bueno, qué es malo, quién sabe?".

Poco tiempo después, llegaron unos jinetes desde una villa cercana buscando a todos los hombres físicamente capaces para ir a la guerra y para ayudarles a proteger su villa de las bandas de ladrones que merodeaban por allí. Así fue como todos los jóvenes de las villas cercanas fueron a ayudar a la guerra excepto el hijo del viejo sabio, quien tuvo que quedarse en casa porque sus dos piernas rotas aun no habían sanado. Todos los jóvenes que fueron a la guerra murieron pero el hijo del viejo sabio vivió muchos años.

Entonces, cuando parezca que tu mundo se está derrumbando a tu alrededor y no puedes encontrarle ningún sentido a lo que te está pasando, siempre recuerda que no conoces la película completa y recuerda también las palabras del viejo sabio: "¿Qué es bueno, qué es malo, quién sabe?".

¡Oye Dios, es hora de despertar!
¡Es hora de despertar a la verdad de quien realmente eres!

¿Dónde estamos ahora?
¿Qué tenemos ahora?
Este viaje hacia el Amor es tan liberador
Desde el inicio
Sosteniendo tu corazón
Un instante tan perfecto en el ser

Sabía que un día
El amor brillaría con esplendor
Encontrando el camino
Ahora que está aquí
Rezo para que permanezca eternamente.

Capítulo 4
Viviendo en el Momento Presente

Cuando estamos enfocados en Alabanza, Gratitud y Amor con las técnicas mecánicas de Ascensión, eso mismo es lo que creamos en nuestras vidas. Cuando las utilizamos con los ojos abiertos nos anclan al momento presente y creamos desde el poder de quienes somos en realidad. Cuando alabamos al creador, la creación crece, todo empieza a mejorar mágicamente en nuestro mundo porque vivimos más y más en el momento presente.

Antes de que yo aprendiera a Ascender solía pasear a mi perra llamada *Princess Grace* por la playa todos los días para que pudiera hacer su ejercicio. Tenía un cigarrillo en una mano, un teléfono móvil en la otra y usualmente cargaba una taza de café. Miraba al piso y caminaba tan rápido como podía.

Recuerdo que una semana después de que empecé a ascender estaba caminando por la playa, pensando en las Actitudes de Ascensión con los ojos abiertos. El cigarrillo y el café ya no me acompañaban y me di cuenta de que escuchaba un sonido repetitivo. Me pregunté qué sería. ¡Era el sonido de las olas golpeando contra la playa! Paré, miré las olas y observé el sol derritiéndose en el mar. En ese momento, empecé a llorar porque comprendí que había caminado por la misma playa todos los días durante cinco años y nunca había experimentado verdaderamente la magia y la belleza de estar ahí, completamente. Siempre había estado en algún otro lugar en mi mente. Estaba pensando en el pasado o planeando hacia el futuro.

•

Los Bebés Viven el Momento

Imagínate un bebé acostado en su cuna pensando para sí mismo: "Ojalá no hubiera llorado esta mañana porque mi mamá se molestó mucho; claro que ayer también lloré y la semana pasada también. Pensándolo bien, lloro todos los días y esto la fastidia mucho. ¿Cuándo voy a parar de hacer esto?".

¿Se lamentan los bebés por el pasado? No, los bebés no piensan de esa manera. Ellos nunca se arrepienten del pasado. O imagínense un bebé pensando en el futuro: "Me pregunto con quién me casaré cuando crezca. Me pregunto a qué universidad asistiré. Me pregunto si seré un médico o un campesino. ¿Cómo pagaré las cuentas? ¿Cuántos hijos tendré? ¿Cómo pagaré una buena educación para ellos?". ¿Acaso los bebés se preocupan por el futuro? No, y tampoco se lamentan por el pasado. Viven totalmente el momento. Si están tristes lloran; si están contentos, se ríen; si están furiosos, gritan y al momento siguiente están contentos otra vez.

Imagínense otra vez al bebé acostado en su cuna pensando para sí mismo: "He estado tomando demasiada leche y mira cómo estoy engordando, voy a tener que ir al gimnasio. Mami, ¿me puedes llevar al gimnasio para poder hacer abdominales y así poder quitarme mi barriguita? ¿O quizás sería más rápido hacerme una liposucción, mami, qué cirujano plástico me recomiendas?" ¿Acaso los bebés juzgan sus cuerpos? No, el bebé piensa que es perfecto como es. No juzga su cuerpo en ningún momento. Imagínense otra vez al bebé pensando para sí mismo: "¡Uy, este pañal se me ve tan feo que se me escurre hasta las rodillas! Mami, yo no puedo salir viéndome así, ¿qué pensara todo el mundo? Me gustaría ponerme mi vestido azul nuevo hoy, ya me puse ese blanco dos días seguidos y alguien puede darse cuenta, ¿qué dirán?". ¿Acaso a los bebés les importa cómo se ven? No, a los bebés no les importa qué clase de ropa les ponen y solamente se quejan cuando están incómodos. Un bebé sabe que es perfecto exactamente como es. Vive en total inocencia y allí es donde yace la libertad total.

Lamentando el Pasado

De adulta he pasado mucho tiempo lamentándome por el pasado: "Ojalá no hubiera dicho eso esta mañana; ojalá hubiera escogido una carrera diferente; ojalá no hubiera comido eso; ojalá no me hubiera casado con él". Pasé mucho tiempo pensando esto mismo una y otra vez. Todos los días tenía alguno de estos pensamientos, todas las semanas, todos los meses, todos los años. Tuve el mismo pensamiento todos los días durante veinticinco años. "¿Por qué me casé con él? Es un imbécil." Tuve este pensamiento durante todos días de nuestro matrimonio que fueron dieciocho años. Es más, ocho años después de haberme divorciado, todavía pensaba la misma cosa y él ya no estaba en mi vida. Al dejar que el pasado nos guíe, nos volvemos esclavos de nuestras percepciones anteriores, así como de nuestros juicios y creencias.

¿Cuántas cosas lamentas y juzgas de tu pasado? ¿Toda esa lamentación acaso cambia algo? ¿Puedes cambiar el pasado al lamentarte o al tratar de hacer que alguien se sienta culpable, incluyéndote a ti mismo? ¿No es momento de parar ya? ¡Lamentarse y sentirse culpable es una pérdida de tiempo tan grande!

Los Dos Monjes

Esto me recuerda una historia que una vez leí. No estoy segura de su origen. Había una vez dos monjes viajando a través de la India. Al llegar a un río, una mujer que estaba parada en la orilla cuando los vio les preguntó: "Hombres amables, ¿será que alguno de ustedes me puede ayudar a cruzar el río porque está demasiado profundo para poder cruzarlo yo sola?". Los dos monjes se miraron con preocupación. El monje más joven le dijo al más viejo: "Hemos tomado nuestros votos y juramos no tocar a una mujer nunca, no puedo cargarla a través del río". El monje más viejo le respondió: "Sí, eso es verdad, pero también hemos tomado el voto de ayudar a las personas cuando nos lo pidan, ¿entonces qué hacemos?". Después de discutir esto entre ellos por algún tiempo, el monje más viejo finalmente dijo: "Bueno, yo la voy a ayudar a cruzar el río". Y eso fue lo que hizo, la llevó a través del río y la bajó del otro lado; ella se fue hacia el este y los monjes se fueron hacia el oeste.

Pasó una semana y finalmente el monje más joven gritó: "¡No puedo creer que tú la hayas llevado a través del río! ¡Rompiste tus votos!" Y el monje más viejo le respondió: "Yo la bajé hace una semana, tú eres quien todavía la está cargando". ¿Cuántas personas de tu pasado estás cargando ahora? Podría adivinar que son muchas. Yo cargué a mi madre, mis hermanos, mis profesores, mi ex esposo, mi abuelo y a tantas personas que no tengo espacio suficiente para mencionarlas a todas. Los pensamientos en mi mente eran sus palabras, sus juicios y sus creencias que yo había adoptado. ¿Acaso se han preguntado por qué estamos tan exhaustos cuando nos acostamos en la noche?

Preocupándose por el Futuro

Cuando nos preocupamos por el futuro y nos enfocamos tanto en él, inevitablemente creamos nuestros miedos, porque aquello en lo que enfocamos nuestra atención crece. Llevamos nuestros miedos hacia el futuro y creamos caos para nosotros mismos. Por ejemplo, yo tenía un miedo muy grande acerca del abandono y trataba de controlar todo en mi relación para que mi pareja no me dejara. O si yo sentía que mi pareja podía irse, yo me iba primero para protegerme de ser abandonada. La estupidez era que yo creaba todos mis miedos una y otra y otra vez. ¿Qué pasa contigo? ¿Tú también creas tus miedos?

Otra cosa que hacemos es traer el pasado al futuro y empezar a preocuparnos por él. Por ejemplo, recuerdo que cuando ocurrió la crisis financiera de 1989 y todos los intereses estaban por las nubes, yo perdí todo. Mucho tiempo después de la crisis, no importaba cuánto dinero tenía, seguía preocupada por no tener suficiente. ¿Qué tal si la economía se caía otra vez? ¿Que tal si las tazas de interés se volvían a disparar? ¿Cómo podría pagar mi hipoteca?

Incluso nos preocupamos sobre cosas de todos los días. ¿Qué tal si algo le pasa a mis hijos? ¿Qué tal si mi compañero o compañera pierde su trabajo? ¿Qué tal si mi compañero me deja? ¿Qué tal...? Llena tú el espacio. Yo llegaba a crear una gigantesca escena en mi cabeza hasta el punto de empezar a llorar pues estaba convencida de que algo estaba mal cuando ni siquiera estaba pasando. ¿Tú haces eso?

Esto me recuerda una pequeña escena del programa de televisión para niños llamado *Plaza Sésamo,* con Beto y Enrique. Enrique empieza a preguntarse dónde está Beto porque está demorado y empieza a imaginarse lo que le pudo haber pasado. Piensa que se encontró con su amigo Fred y que empezaron a hablar y a decir cosas terribles sobre él. Enrique continúa elucubrando sobre todas las cosas que pueden haber dicho de él. Piensa que a sus amigos no les gusta pasar tiempo con él porque no es una persona agradable, o tal vez piensen que es egoísta y ordinario con su dinero y que no es un buen amigo. Enrique se indispone tanto imaginándose todo lo que pudieron haber dicho que, cuando finalmente Beto llega a la casa, Enrique le grita: "¿Cómo pudiste decirle todas esas cosas tan terribles sobre mí a Fred?" Beto le contesta: "¿De qué estas hablando? ¡Nunca vi a Fred! Estaba en un trancón".

¿No es impresionante? Nuestras mentes nos engañan al pensar que sabemos qué es lo que está pasando, cuando no sabemos nada. Podemos imaginar a nuestros padres muriendo, a nuestros hijos o a nuestros esposos siendo secuestrados por la guerrilla, o estando presente en un bombardeo en un centro comercial, etc. Somos quienes atraemos los infortunios de otras personas a nuestras vidas pensando que no sólo nos puede pasar a nosotros, sino también a las personas que amamos. Luego, nos encerramos en nuestros hogares y en nuestros vehículos pensando que todo el mundo está tratando de agarrarnos. ¡Creamos nuestras propias prisiones y vivimos en un miedo constante, cuando en realidad todo está en nuestra cabeza! Siempre estamos imaginándonos cosas porque estamos viviendo en el pasado o en el futuro en vez de estar en el momento presente.

Centrándose en Alabanza, Gratitud y Amor

Cuando nos centramos en Alabanza, Gratitud y Amor con las técnicas mecánicas de ascensión, eso mismo es lo que creamos en nuestras vidas. Cuando las utilizamos con nuestros ojos abiertos estamos creando desde el poder de quienes somos en realidad, y cuando alabamos al Creador, la creación crece. Todo mágicamente empieza a mejorar en nuestro mundo.

Cuando estás totalmente en el momento presente, no hay miedo porque todos tus miedos son proyecciones del pasado y el futuro. Yo creía de manera subconsciente que estaba limitada en todo sentido. Pensaba subconscientemente que no merecía amor, que las personas que me amaban me iban a abandonar, que me iban a herir, que Dios no existía, que no era lo suficientemente hermosa, ni lo suficientemente inteligente y la lista seguía interminablemente. Nada de eso era verdad. Eran mis falsas creencias las que me hacían pensar de esa manera. No parecía que yo pudiera tener todas esas creencias; para todos los demás, parecía estar llena de confianza, ser hermosa y exitosa.

Hay Poder y Magia en el Momento Presente

Hemos pasado gran parte de nuestras vidas planeando y preocupándonos por el futuro y nunca o casi nunca vivimos en el presente. Nunca experimentamos la magia del ahora. Las Actitudes de Ascensión nos anclan en el momento presente, de regreso a un lugar de paz, amor y dicha ilimitadas. Este es tu derecho de nacimiento. Todo el poder está en este momento. Creamos todo en nuestras vidas y en nuestros mundos a cada instante. No hay nada predestinado. ¿Cuántas personas se pierden de vivir sus vidas preocupándose por el futuro y lamentado el pasado? Nunca experimentan realmente la magia del momento presente, nunca lo ven como es en realidad.

Las personas espirituales también se lamentan de sus vidas pasadas o se preocupan por su próxima reencarnación. ¿Alguna vez has escuchado algo más ridículo? Pasamos escarbando el pasado para traer nuestros viejos dramas a nuestro presente pensando: "¡Ay! Si no me hubieran quemado cuando era Juana de Arco no tendría ese miedo al fuego que tengo ahora". No puedo decirte cuántas personas he conocido que pensaban que habían sido Juana de Arco en una vida pasada; de hecho, yo era una de esas personas. ¡Todo es ilusión, nada de eso es real!

Sí existe un lugar llamado Infierno. Está en tu cabeza y tú lo experimentas la mayoría del tiempo porque estás en el pasado o en el futuro, o juzgándote a ti mismo y a otros. Cuando nos obligamos a estar en el presente y experimentamos la magia que hay en el ahora, tenemos el cielo aquí en la Tierra. Cuando paramos de lamentar el pasado, preocuparnos por el futuro y juzgarnos a nosotros mismos y a todos los demás, la libertad verdadera comienza.

Eckert Tolle escribió un libro excelente titulado *El Poder del Ahora* que recomiendo mucho a todas las personas que quieran leer más sobre este tema. Todo el poder está realmente en este momento. Gastamos tanta energía mental centrándonos en lo que no existe, enfocándonos en nuestros dramas, en vez de enfocarnos en la verdad. Las Actitudes de Ascensión nos regresan a la verdad y cambiamos nuestro enfoque hacia la alabanza, la gratitud y el amor. ¡Todo el dolor, todos los dramas, todos los miedos, están en tu cabeza!

¿Qué pasa desde que somos niños inocentes viviendo el momento, pensando que somos perfectos exactamente como somos? ¿Cómo perdemos la visión de la verdad y creamos las limitaciones? ¿Cómo puede la ascensión traernos a la verdad?

¡Oye Dios, es hora de despertar!
¡Es hora de despertar a la verdad de quien realmente eres!

Si tan sólo pudieras ver a través de mis ojos
Lo maravilloso que eres, no tendrías necesidad de llorar
Lo verás todo algún día, lo sé
Tu belleza interior
Transluce destellos brillante en todas direcciones.

Que siempre tengas un ángel a tu lado
Para despertarte en la mañana
Y cuidar tu sueño en la noche
Alguien tan especial y bello como tú
Necesita un ángel en todo lo que hace.

Si tan solo pudieras escuchar con mis oídos
La verdad que hablas trasciende los miedos
Sé que algún día todo lo oirás
Tu sabiduría interior
Es más clara cada día

Que siempre tengas un ángel a tu lado
Para despertarte en la mañana
Y cuidar tu sueño en la noche
Alguien tan especial y bello como tú
Necesita un ángel en todo lo que hace.

Si pudieras amarte a ti mismo con mi corazón
Los cielos se abrirían y los ángeles departirían
Sé que lo sentirás como lo hago yo
Mi corazón siempre abierto a ti con tanto amor

Que siempre tengas un ángel a tu lado
Para despertarte en la mañana
Y cuidar tu sueño en la noche
Alguien tan especial y bello como tú
Necesita un ángel en todo lo que hace.

Capítulo 5
El Inicio de la Separación

Ésta es la verdad de quienes somos: Dios, el Infinito, la Divinidad. Hemos decidido tener una experiencia de limitación y hemos creado las situaciones que causan separación y dualidad. Te voy a contar mis experiencias personales acerca de cómo creé mi separación y luego te explicaré en el siguiente capítulo cómo la ascensión me trajo de vuelta a la verdad.

La primera limitación que tomé para mí fue un cuerpo. Así que allí estaba, el Infinito atrapado en un pequeño cuerpo de bebé, dependiente de mi familia para ser alimentada y cuidada. Era completamente indefensa y, en la medida en que fui creciendo, me sentí totalmente vulnerable y diferente, separada de mis padres, mis hermanos, de todo el mundo.

Familia

Cuando nací me dieron en adopción. Así que uno de los primeros sistemas de creencias que tuve fue que no era merecedora de amor o que la gente que me amaba me abandonaría. Por supuesto, esto era sólo un sistema de creencias, aunque mis padres adoptivos me bañaron con amor e hicieron todo lo posible para hacerme sentir segura y protegida. Todo este amor fue ensombrecido por este constante miedo al abandono.

Cuando tuve 4 años me encontraba jugando con mis hermanos en el patio de atrás cavando hoyos en la arena. Logramos cavar un hoyo bastante profundo y mi hermano me dijo: "Salta dentro y te enterraremos hasta el cuello como vimos que lo hacían los vaqueros y los indios en televisión anoche". Pensé que sería divertido, así que salté dentro y ellos me enterraron hasta el cuello y comenzaron a bailar alrededor de mi cabeza. Sus saltos compactaron la arena fuertemente y comencé a tener problemas para respirar, así que les dije con lágrimas en los ojos: "¡Desentiérrenme, no puedo respirar!".

Ellos tenían la pala y trataron de desenterrarme pero me golpeaban constantemente en el cuello y en el brazo con ella. Yo comencé a llorar más y más fuerte y ellos se asustaron y corrieron hacia la casa dejándome ahí, sin saber que estaba al borde de la asfixia. Cuando mi madre les preguntó dónde estaba, ellos, temiendo su castigo, dijeron: "Está afuera jugando". El vecino de al lado me vio desde su ventana y bajó corriendo a rescatarme. Yo estaba azul por la falta de oxígeno y aterrorizada. Yo sabía que mis hermanos me amaban pero me dejaron allí para morir. ¿Cómo podría confiar de nuevo en ningún otro que me dijera que me amaba?

Pony

Toda mi vida quise tener un pony. Le rogué a mis padres que me regalaran uno, recé a Dios por él. Cuando tuve doce años estaba segura de que me lo regalarían en mi cumpleaños. Mis padres me pusieron un venda en los ojos y me guiaron escaleras abajo. Intenté escuchar intensamente al pony pero aún así no podía; sin embargo, estaba segura de que estaba ahí. Me quitaron la venda de los ojos y, tal como seguramente ya lo adivinaron, no había ningún pony. ¡Me habían comprado un bicicleta! Y para terminar de empeorar las cosas, era un bicicleta usada y no se parecía en nada a un pony.

En ese momento estaba totalmente desilusionada con Dios porque no había respondido a mis plegarias. Estaba segura de que Dios no existía y estaba decepcionada con mis padres por no amarme lo suficiente como para comprarme un pony. Más tarde encontré cómico leer una historia de Richard Kipling que decía que la primera desilusión de una pequeña niña con Dios eran sus plegarias no respondidas por un pony, así que pienso que no soy la única.

Sociedad

El colegio es un campo muy competitivo y siempre hay alguien más inteligente, y cuanto más inteligente eres, más recompensado terminas. Cuando yo era más joven, la creatividad no era considerada tan importante como el conocimiento académico estructurado. Se consideraba más apropiado utilizar nuestra creatividad en nuestros pasatiempos. Es chistoso que Albert Einstein dijera: "La imaginación es mucho más grandiosa que el conocimiento", cuando sabemos que fue una de las mentes más brillantes del siglo.

Así es como la mayoría de nosotros pasamos por el colegio esforzándonos por ser los mejores y sintiéndonos no lo suficientemente inteligentes. Yo siempre estaba en el 5% más alto de mi clase y aún así no me sentía lo suficientemente inteligente. Asimismo, pensaba que había otras mujeres más bonitas que yo. Tenía un sistema de creencias en el que no era lo suficientemente inteligente ni bonita. Todo lo que tenía que hacer era mirar las revistas de moda. Nadie se ve como esas modelos e inclusive algunas de ellas piensan que NO son lo suficientemente bellas. La lista de limitaciones sigue y sigue. Tenemos creencias, limitaciones y juicios acerca de nosotros mismos y acerca de otros. Ninguno es verdad.

SOMOS TODOS BELLOS, SOMOS TODOS ÚNICOS,
SOMOS TODOS PERFECTOS, TAL Y COMO SOMOS.

Pero no lo creemos. Es como si durante toda nuestra vida hubiésemos estado mirando a través de una ventana, una ventana de limitaciones muy sucia, pero lo hemos hecho durante tanto tiempo que pensamos que es la verdad. Lo que la ascensión hace es limpiar muy rápidamente esta ventana de limitación, de manera tal que empezamos a ver la verdad.

Mi abuelo siempre usó lentes para ayudarse a ver más claramente. Un día estaba yo de visita y me pidió que lo llevara a ver al oculista ya que su visión cada día empeoraba. Miré un momento sus lentes y vi que estaban muy sucios y rayados. Los tomé de su rostro y se los limpié, y cuando se los volví a poner el exclamó: "No tenía idea de que todo lo que tenía que hacer era limpiar mis lentes para poder ver claramente de nuevo!". Con la ayuda de las Actitudes de Ascensión limpiamos nuestros "lentes de limitación" y empezamos a ver claramente. Empezamos a experimentar la Verdad. Regresamos a un lugar de paz, dicha e inocencia ilimitada. Nos alejamos de la locura colectiva.

Hablando de locura colectiva, voy a tomar esta historia del libro de Anthony De Mello titulado *Conciencia*. Lo he modificado un poco para hacer más evidente lo que quiero mostrarles.

El Pozo de la Locura

Había una vez un reino muy poderoso y en ese reino había un hechicero loco, que decidió que iba a destruir el reino y elaboró una poción para infectar a la gente con el hechizo de la locura. Puso la poción en el pozo de agua colectivo y todo el pueblo bebió de él. Todos se tornaron completamente locos hablando en jeringonza sin ningún sentido. El rey y la reina tenían una fuente de agua separada y quedaron completamente devastados al ver el estado de sus amados ciudadanos, y por ello decidieron escribir nuevas leyes y decretos para controlar a la gente.

El cuerpo de policía y el sistema judicial también habían bebido del pozo, así que no hubo nadie que pudiera hacer cumplir las nuevas leyes. De hecho, cuando se leyeron las leyes, el pueblo pensó que el rey y la reina habían perdido la cordura y marcharon hacia el palacio para demandar que abdicaran al trono. El rey y la reina se encontraban en tal dilema que en realidad pensaban que debían abdicar, pero entonces la reina tuvo una aventurada y brillante idea. Ella le dijo al rey: "Vamos al pueblo y bebamos del pozo de la locura. De esa manera todos seremos uno nuevamente y podremos entendernos los unos a los otros". Así que esto fue lo que hicieron, bebieron del pozo y cuando la gente del pueblo pudo ver que su rey había "recuperado su cordura" y hablaba con tal sabiduría, lo renombraron como monarca y rigió hasta el fin del tiempo.

Todos hemos bebido del pozo colectivo de la locura. Hemos puesto alambre de púas alrededor de nuestras casas y guardias en las entradas tratando de mantener a los ladrones afuera cuando en realidad nos estamos encerrando a nosotros mismos en nuestras casas. Estamos destruyendo nuestro ecosistema y contaminamos por dinero; destruimos a otros para hacerlos creer en nuestros dioses o en nuestras convicciones políticas;

estamos matando por la paz, y nos encerramos en nuestras propias prisiones de limitación para sentirnos seguros.

Creencias

Todos hemos aprendido desde que nacimos a comportarnos de manera específica. A todos nos han enseñado qué creer, y cómo conformarnos con lo que es aceptable para nuestra familia, sociedad, cultura, religión y líderes políticos. Usualmente ni siquiera pensamos que son creencias, pensamos que son verdades y nunca las cuestionamos. Las aceptamos como "lo que debe ser".

En qué crees depende del sitio donde has nacido, de la cultura y de los padres que te han correspondido. Por ejemplo: ¿alguna vez te has imaginado por qué tienes ciertas creencias religiosas? ¿Es porque tus padres y tu cultura te dijeron en qué creer y ciegamente lo hiciste, o fue porque tu propio pensamiento te guió a creer en lo que sea que crees?

Una pequeña niña nacida en Bogotá, Colombia, y criada por unos típicos padres colombianos para ser católica, cree lo que la iglesia dice porque eso es lo que sus padres creen. Yo nací en Canadá y fui criada para ser protestante, y a través de todos mis años de infancia creí que sólo los de mi comunidad religiosa eran los únicos que irían al cielo y todos los demás arderían en el infierno. También creía que todos los católicos eran pecadores, que pensaban que podían pecar cada vez que quisieran y luego ir a confesión y pagar dinero para que sus pecados fueran absueltos. Yo de verdad creía que ellos pensaban que podían comprar su entrada al cielo.

Ni siquiera pensaba que eso era una creencia que yo tenía. Mi madre, mi abuela, mis tías y tíos me dijeron estas cosas y, por supuesto, yo las creí. ¡Era la verdad! Qué ridícula fui al creer en todas estas cosas que los adultos de mi familia me contaron sin cuestionarlas.

Nosotros les insistimos a nuestros hijos para que se comporten exactamente como nosotros hemos sido educados, aun cuando esto no nos trajo nada más que infelicidad y miseria. ¡Seguir haciendo lo mismo y esperar un resultado diferente es completamente absurdo! ¿Quién te dijo en qué creer? ¿En qué crees? ¿Por qué haces las cosas que haces? ¿Qué tanto has bebido del pozo de la locura?

Es muy conmovedor el pasaje de la Biblia en el que Jesús dice: "Padre, perdónalos porque no saben lo que hacen". Todas nuestras limitaciones crean nuestro mundo y nuestra separación. Hemos aprendido comportamientos reactivos para todo tipo de situaciones, tengan estos sentido o no, estén basados en la verdad o no. Caminamos por la vida inconscientes, desentendidos e ignorantes. La Ascensión nos permite comenzar a ser testigos de nuestro comportamiento y gracias a esto podemos empezar a tomar diferentes decisiones conscientes en cada momento. Podemos optar por el amor en vez de hacerlo por el miedo.

Con la Ascensión puedes empezar a hacer nuevas elecciones a cada momento, porque estás enfocado en la alabanza, la gratitud, el amor y la compasión. Las Actitudes de Ascensión nos anclan en el momento presente y TODO el poder está aquí en este momento. Experimentamos la dicha, el amor y la paz cuando estamos en el momento presente. ¿Estás listo para empezar a experimentar más dicha duradera, amor y paz en tu vida? Éste es tu derecho de nacimiento y eso será lo que experimentes una vez que empieces a usar las Actitudes de Ascensión.

¡Oye Dios, es hora de despertar!
¡Es hora de despertar a la verdad de quien realmente eres!

Me querrías si supieras
Las cosas por las que he pasado
Me verías
Si ves el lado oscuro
El lado que oculto

Bajo la puerta del sótano
Me sostendrías
Dando pasos cautelosos
Sobre el frágil suelo
Cuando encuentre la fuerza
Para decirte donde he estado

Me besarías
En la boca
Que tanto mintió
A la luz de la vela
Tanto amor brilla en tus ojos
Pero, se apagará la luz
Si ves mi lado oscuro

Sólo la verdad me hará libre
Sólo la verdad me hará libre
Quiero volar muy alto
Mis Angeles me llaman
Mis Angeles me llaman
Diciendo La Verdad Liberará el amor

Capítulo 6
¿En Qué se Diferencia la Ascensión de Otras Técnicas de Sanación?

Un Árbol de Limitaciones, Creencias y Juicios

Imagina un árbol enorme con millones de hojas. Cada una de las hojas del árbol representa algo que me ha sucedido durante mi vida. Todo lo que me ha sucedido tiene como resultado creencias limitantes, juicios, etc. Mis creencias limitantes y juicios son lo que me están impidiendo experimentar la libertad y pueden llegar a enfermarme y terminar matándome. Las hojas de limitación deben caer, y cuanto antes, mejor.

Ahora imagínate que mi "árbol de limitaciones" tiene una hoja que representa cuando fui dada en adopción. Esto tiene como resultado el creer inconscientemente que la gente que me ama me abandona. Puedo ir a un psicólogo y trabajar en sanar esto, o puedo hacer renacimiento y regresar al momento en que mi mamá me abandonó y sanar eso. Hay muchas maneras de sanar la variedad de cosas que me han sucedido.

Otra hoja en el "árbol de mi vida" puede representar la creencia inconsciente de que no soy lo suficientemente hermosa o que no soy lo suficientemente inteligente, o que Dios no existe, etc. Puedo practicar afirmaciones positivas, reiki, limpieza espiritual, sanación por un avatar, masajes, leer miles de libros de autoayuda y toda clase de cosas increíbles para sanar cada hoja individualmente, cada cosa en particular que me haya sucedido. Puedo sanarlas todas, una a la vez, pero hay millones de cosas que me han sucedido. Y mientras tanto otras cosas siguien sucediéndome, y mi "árbol" se va llenando de más hojas de limitación. Es un proceso agotador que nunca termina, no tiene final y el proceso de sanación es de nunca acabar.

El poder y la magia de la Ascensión es tal que no necesitamos todo eso. No necesitamos analizar cada hoja de limitación individual mientras otras nuevas están creciendo todo el tiempo. Esto puede durar eternamente. Con las poderosas Actitudes de Ascensión puedo ir a la raíz del árbol y eliminar todas las hojas de una manera muy rápida y sin esfuerzo. Analizar cualquier cosa que suceda con la Ascensión sólo implicaría hacer más lento el proceso. Si tuvieras que entender alguna cosa específica se te presentará muy claramente. No se debe tratar de analizar e intelectualizar cuando aprendes las técnicas de Ascensión.

Todos Compartimos Cuatro Raíces Principales de Estrés

Hay cuatro raíces principales en nuestro árbol de limitación. Cada raíz representa un estrés principal que todos los seres humanos compartimos.

Nuestra Vida Subjetiva

La primera raíz de estrés en la cual muchas hojas están creciendo radica en la creencia de que hay algo mal con nuestra vida. ¿Cuántos de nosotros desearíamos que la vida fuera diferente? ¿De qué otras formas desearías que fuera tu vida? Todos nosotros hemos deseado, en un momento o en otro, que nuestras vidas fueran diferentes. ¿Acaso no deseaste alguna vez haber nacido en otra cultura, o tener padres más ricos?

Nuestra Vida Objetiva

La segunda raíz de estrés radica en el juicio de que hay algo incorrecto con todos y todo a nuestro alrededor, nuestra vida objetiva. Esto incluye nuestros juicios acerca de que hay algo incorrecto con nuestro cuerpo y con todo lo demás en nuestro mundo.

¿A cuántos de ustedes les gustaría tener un cuerpo diferente? ¿A cuántos de ustedes les gustaría que el gobierno hiciera las cosas de manera diferente para traer más paz al país? ¿Cuántos desearían que las iglesias ayudaran a más personas? ¿Cuántos desearían que alguien cercano cambiara su comportamiento? ¿Cuántos de ustedes se disgustan cuando ven la polución en el mundo? ¿Cuántos de ustedes se sienten mal con lo que los grupos alzados en armas están haciendo en el mundo? ¿Cuántos de ustedes odian el tráfico? ¿Cuántos de ustedes tienen el prejuicio de que serían más felices si él/ella no estuviera siempre enojado/a? ¿Cuántos de ustedes ven la cantidad de víctimas sufriendo en el mundo? ¿Qué es lo que prejuzgas que está mal en tu mundo y con tu cuerpo? Todo lo que puedes ver, oír, degustar, sentir, oler o pensar es parte integral de tu mundo y de tu cuerpo. ¿Qué es lo que prejuzgas que está mal a tu alrededor en tu mundo objetivo?

No estoy diciendo que el mundo no pueda ser mejor. Hay solamente una mente conciente, y mientras elevamos nuestra propia conciencia estamos elevando la conciencia de la humanidad. Esta es, en realidad, la única manera de crear un mundo enfocado en el amor incondicional y que vibre en una frecuencia más alta.

Las personas necesitan cambiar desde el interior hacia fuera, porque no tiene sentido seguir imponiendo los patrones actuales de comportamiento. Cuando impones cualquier cosa, las personas tienden a rebelarse. La verdadera libertad comienza cuando las personas cambian desde sus corazones y porque tienen el deseo de hacerlo. Esta es la única manera de realizar cambios duraderos.

La segunda raíz de estrés es el juicio de que hay algo incorrecto con tu mundo y con tu cuerpo; tus juicios sobre tu vida objetiva es lo que necesitas sanar. Este es el segundo cartucho de dinamita que las Actitudes de Ascensión ponen en la base misma del árbol de las limitaciones, creencias y juicios.

Nuestra Separación de la Verdad de Quiénes Somos

La tercera raíz de estrés que todos compartimos es el juicio de que estamos separados de la fuerza del Bien, Lo Divino, El Infinito, Dios, cualquiera que sea tu interpretación de esto. ¿Sentiste alguna vez que no pertenecías? ¿No has gritado alguna vez a los cielos el porqué habías sido abandonado aquí? ¿Te sientes alguna vez solo, incluso cuando estás rodeado de otras personas? Así me sentía yo. Con el tercer cartucho de dinamita sanamos lo que nos separa de la verdad de quienes somos realmente. La fuente de todo amor. Nosotros, en realidad, somos todo, todos, el Creador y la creación. No somos parte de nada, somos la totalidad de todo y esto es muy difícil de concebir desde el estado despierto de la conciencia. La gente me dice: "Somos hijos de Dios, una chispa divina", y yo respondo: "No, eso no es la Verdad, Tú eres Dios, Tú eres la totalidad de Dios, y no hay nada más que eso".

Lo más increíble es que oír esto disgusta a la gente, porque tiene miedo de su grandeza. Durante toda nuestra vida hemos vivido en limitación y estamos muy cómodos con estas limitaciones y dramas. Incluso cuando afirmamos que no lo estamos le rogamos al universo por nuestra libertad. Pero cuando recibimos este regalo sentimos una resistencia muy grande como para aceptarlo.

Hay una parte de nosotros que está muy fuertemente condicionada a creer que no somos lo suficientemente valiosos para ser dignos del amor incondicional, y, sin embargo, la ironía radica en que todo lo que somos es AMOR. Abraza las Actitudes de Ascensión y viaja hacia adentro, hacia la verdadera libertad, más grandiosa que tus más increíbles sueños, y permite que la ilusión se muestre como lo que realmente es, un juego de limitación. El tercer cartucho de dinamita que colocamos en la base del árbol, sana el juicio de que estamos separados de la verdad de quienes realmente somos, la fuente de todo el Amor Incondicional.

Préstame tus alas, ángel, esta noche
Quiero ir a ver el sol
Derritiéndose en el mar
Préstame tus alas, ángel, esta noche
Quiero abrir la nubes
Y ver la vida mirándome
Con los emisarios de luz
Elevo mi plegaria para que estés
a salvo esta noche

Todos los Otros Seres

La cuarta raíz de estrés es el juicio de que estoy desconectado de todos los otros seres en el universo. Yo me siento separado de ti y tú eres diferente a mí y yo soy diferente a él y así sucesivamente. Todos nosotros nos sentimos separados de los demás. Hay seis mil millones de personas en la Tierra hoy, ¿a cuántos de ellos te sientes tú conectado hoy? ¿De cuántos te sientes separado?

Las primeras cuatro Actitudes de Ascensión son como los cuatro cartuchos de dinamita que colocamos en la raíz de nuestro árbol de limitaciones. ¿Que sucede cuando un cartucho de dinamita explota en la raíz del árbol? ¡Bum! Todas las hojas comienzan a caer inmediatamente. Asimismo, cuando destruimos la raíz y removemos las limitaciones, el árbol de la ilusión no puede crecer más. Lo reemplazamos con la Verdad Absoluta y la Verdad se transforma en nuestra experiencia. Cada vez que piensas una Actitud de Ascensión con los ojos cerrados, tocas la verdad de quien eres realmente, aunque sea por un breve instante. Las Actitudes de Ascensión te elevan por sobre las creencias limitantes y los juicios y experimentas la Verdad, lo Infinito, Dios. Esto es lo que Ascensión significa, elevarse por sobre las cosas que nos mantienen como prisioneros de nuestras mentes.

Siempre le digo a la gente que si no quiere cambiar su vida entonces por favor, no tome el curso de Ascensión de los Ishayas, porque éste va a cambiar definitivamente sus vidas y mucho más rápido de lo que esperan. Todo lo que tienes que hacer es comprometerte contigo mismo a usar las técnicas regularmente con los ojos abiertos y con los ojos cerrados, y tu vida se transformará en formas nunca antes soñadas. Las primeras cuatro Actitudes de Ascensión, que están basadas en alabanza, gratitud, amor y compasión, cuando son usadas regularmente van a sanarte en muchas formas.

Usando las Actitudes de Ascensión con los Ojos Cerrados

Una de las cosas más increíbles es que puedo pensar las Actitudes de Ascensión de ambas formas, con los ojos abiertos y cerrados, durante las 24 horas del día. Yo siempre uso el ejemplo de una bañera para explicar la importancia de pensarlas de ambas formas, con los ojos abiertos y cerrados. Imagina una bañera con el grifo abierto al máximo. La bañera representa tu sistema nervioso. El agua entrando representa el estrés que está entrando en tu vida cada día. Cada noche, cuando te vas a dormir, liberas la mayor parte del estrés del día por el desagüe de la bañera, pero hay siempre un residuo de estrés que queda allí. Cada noche hay siempre una pequeña parte de nuestro estrés de la que no nos deshacemos solamente con dormir.

Con el tiempo, la bañera o nuestro sistema nervioso se llena de estrés. Ésta es la razón por la cual vamos envejeciendo: el estrés va acumulándose en nuestro sistema nervioso. Es un proceso acumulativo. El sueño no es lo suficientemente profundo para remover el estrés cotidiano que va introduciéndose en nuestras vidas. Cuanto más estrés tenemos en nuestro sistema nervioso, menos efectiva es la función de nuestros cuerpos y esto es lo que causa la enfermedad y eventualmente la muerte. Cuando asciendo o uso una de las Actitudes de Ascensión con mis ojos cerrados, es como si quitara el tapón de la bañera y todo el estrés que se había acumulado en mi sistema nervioso a lo largo de mi vida pronto se va liberando.

Cuando asciendo con los ojos abiertos, la Ascensión previene de que el nuevo estrés vaya entrando a mi sistema nervioso o cierra la presión de agua de la bañera a un mínimo y me trae al momento presente. Podemos limpiar muy rápidamente el sistema nervioso con el uso de la Ascensión y así optimizar nuestro sistema nervioso y vibrar en un nivel más alto. La importancia del uso de las Actitudes de Ascensión, tanto con los ojos abiertos como con los ojos cerrados, no puede recalcarse suficientemente.

Qué Sucede Cuando Pienso una Actitud

Cada vez que pienso una Actitud de Ascensión experimento una coherencia perfecta entre el hemisferio derecho e izquierdo de mi cerebro, y ésta me lleva a un lugar de paz, alejada de la incierta y repetitiva confusión de la mente limitada, y así mi conciencia comienza a expandirse.

La libertad está en la expansión de la conciencia, y esto sólo puede ser experimentado. No es algo que puedas imaginarte con una mente limitada. Es increíble cómo nuestro intelecto usa solamente entre el 5% y el 10% de la capacidad mental. Al expandir la conciencia comenzamos a acceder a una porción, nunca antes utilizada, de nuestras mentes y experimentamos la Verdad.

Las Actitudes de Ascensión no requieren esfuerzo alguno, son mecánicas, naturales y simples. No es necesario cambiar nada en tu vida, aquello que es bueno en tu vida mejora y lo que no te sirve desaparece naturalmente. Lo más difícil para los adultos es comprender que algo tan poderoso y efectivo pueda ser tan fácil, ya que toda nuestra vida nos han estado diciendo que si queríamos éxito teníamos que trabajar duro.

El dicho de un Primer Ministro australiano era: "La vida no se hizo para ser fácil". Todas esas ideas son sólo creencias limitantes tomadas de la fuente de la locura colectiva. La verdad es que la vida puede ser pacífica, llena de abundancia, alegría, magia y amor.

Indra, el Dios Todopoderoso

Había una vez un dios todopoderoso llamado Indra que volaba por todo el cosmos con todos los otros dioses todopoderosos creando nuevos universos. Un día, Indra se enamoró de una de las más hermosas esposas de Shiva, lo cual a Shiva no le gustó. Shiva era el dios líder y tú no querrías hacer las cosas mal alrededor de Shiva. Shiva estaba tan enojado que convirtió a Indra en un cerdito y lo mando a la Tierra. Como cochinito, Indra no recordaba quién era él en verdad.

Indra estaba para la venta en el mercado cuando se acercó un granjero. El granjero necesitaba un pequeño cerdo para cortar su césped y decidió compra a Indra y llevarlo a casa con él. Indra estaba muy contento, pues amaba al granjero y amaba su nuevo empleo. Cada día, con mucha alegría, cortaba el césped. Un día, el granjero llevó a su casa una cerdita y ésta era tan hermosa que Indra se enamoró y le pidió que se casaran. Por supuesto, ella le dijo: "Sí". Se fueron de luna de miel y poco tiempo después retornaron con trece bebés cerditos. Indra estaba en el paraíso de los cerdos, amaba al granjero, amaba a su esposa y a sus trece pequeños, las cosas no podían estar mejor.

Un día, los dioses estaban volando por allí y miraron hacia abajo y exclamaron: "¡Ahá! Ése es Indra. ¡Indra! ¡Indra! ¿Qué es lo que crees que estás haciendo? Tú no eres un cerdo, eres un dios todopoderoso. ¡Es hora de que despiertes!" Pero Indra respondió: "¡Oink! Yo no sé de qué me están hablando, ¡ustedes deben estar locos! Yo soy un cerdo y soy muy feliz, váyanse y déjenme solo".

El tiempo pasó en el paraíso de los cerdos y los niños

comenzaron a crecer. Llegaron a su adolescencia y se tornaron insoportables, estaban siempre donde los vecinos de fiesta y destruyendo todo. Algunos de ellos, incluso, se volvieron delincuentes juveniles y vestían inadecuadamente, trasnochaban, eran malhablados y andaban por los jardines vecinos hasta el anochecer. Se rumoraba incluso que algunos de ellos fumaban cigarrillos.

La esposa de Indra, que estaba tratando de hacer frente a todo esta situación estresante, regañaba a Indra: "Si tú estuvieras más tiempo con los niños se comportarían mucho mejor. Tú sólo piensas en tu trabajo y en el granjero". Pobre Indra, tenía una gran responsabilidad trabajando para el granjero, tenía que trabajar muchas horas para poder mantener el césped cortado, y era muy duro para él poder mantener el balance entre la responsabilidad de su trabajo y la de su numerosa familia.

Como los niños eran tan malos, el granjero decidió enviarlos al mercado. Las cosas ya no andaban bien en el paraíso de los cerdos. Indra estaba deshecho, su esposa ya no le hablaba porque estaba muy deprimida y los dioses volvieron y le dijeron: "¡Indra! ¡Indra! ¡Es hora de despertar! Tú no eres un cerdo, eres un dios todopoderoso. Ya perdiste a tus niños, es hora de recordar quién eres realmente, tenemos universos por crear". Y él, desesperado, gritaba: "¡Oink! ¡Oink! No sé de qué me están hablando, váyanse y déjenme solo".

Poco tiempo después, el granjero estaba caminando por el pueblo y vio una podadora de césped roja y decidió comprarla. Así que ya no necesitaba más a Indra y lo envió al mercado también. Justo cuando Indra se estaba muriendo, sus amigos, los dioses todopoderosos, se reunieron a su alrededor e Indra recordó quién realmente era. No estaba nada contento, y exclamó: "¡Oh, por Dios! ¡No puedo creerlo! ¡Ustedes me dejaron allí abajo creyendo que yo era un cerdo! Qué vergonzoso, ¿por qué no me dijeron? ¿Qué clase de amigos son ustedes?". Y ellos respondieron: "Indra tratamos de avisarte pero tú no nos escuchabas" e Indra exclamo: "¡Tendrían que haberse esforzado más!". Pero los dioses le respondieron: "Lo intentamos, lo intentamos y lo intentamos, pero tú no nos escuchabas". La moraleja de la historia es:

¿Quieres esperar hasta morir para recordar que eres un dios todopoderoso o quieres recordarlo ahora? ¿Estás escuchando? ¿Puedes escuchar lo que te estoy diciendo? ¡Es tiempo de despertar!

¡Oink! ¡Oink!

¡Oye Dios! ¡Es hora de despertar!
¡Es hora de despertar a la verdad de quien realmente eres!

Una dulce niña camina hacia mí
Una sonrisa en su rostro
Ojos sabios
Y amor en su abrazo
Mira a lo lejos
A veces ríe
A veces llora
Y su sonrisa ilumina el mundo
Trayendo alegría a los más tristes ojos

Es una estrella del amanecer
Persiguiendo el sol
Deja la luna atrás
Adelantándose a su tiempo

Mientras el violinista toca su dulce lamento
Música enviada desde el cielo
Ella ríe y baila
Sus bucles caen sobre sus ojos negros
Y su madre contempla
Sus ojos de madre llenos de amor
Tan dulce regalo que le ha sido dado

Trayendo la alegría a los más tristes ojos
Es una estrella del amanecer
Persiguiendo el sol
Deja la luna atrás
Adelantándose a su tiempo

Capítulo 7

Cómo la Ascensión nos Devuelve a la Inocencia

Liberación de las Emociones

Hay algo que siempre digo y es que para poder experimentar nuestra divinidad tenemos primero que permitirnos ser completamente humanos, completamente vulnerables y completamente reales. Cuando las personas aprenden a ascender siempre los aliento a encontrar el valor para permitirse verse estúpidos. Y cuando digo verse como estúpidos, me refiero a remover todas las máscaras, todas las pretensiones, estar dispuestos a decir y expresar exactamente lo que está sucediendo, y permitirse a sí mismos perder toda la compostura, reírse como niños, enfurecerse descontroladamente, permitirse hasta aullar a la luna y expresar todos los juicios y pensamientos acerca de sí mismos y de los demás. A esto me refiero cuando digo que necesitan tener el valor de verse como estúpidos, ya que se necesita mucho valor para permitirse esto.

Toda nuestra vida hemos estado ocultando nuestras emociones y presentándonos con máscaras a la humanidad para poder recibir amor y aceptación de los demás. Es hora de amarnos a nosotros mismos incondicionalmente, de liberar nuestros demonios a la luz de la conciencia para que podamos verlos en la falsedad de su esencia. Son creaciones de la mente, creaciones de la familia, de la sociedad y son limitaciones basadas en miedos. Nada de esto es real.

Las Actitudes de Ascensión provocan la ebullición del caldero y así permiten emerger toda la oscuridad y todos los miedos ocultos en lo más profundo de nuestro ser. Todos nuestros juicios, creencias y emociones escondidas comienzan a emerger para su liberación. Es un proceso increíblemente sencillo si no nos esforzamos en detenerlo.

La gente habla acerca de destruir el ego, ego que se construye a base de nuestras limitaciones y miedos. Todo lo que necesitamos hacer es observarlos sin juzgarlos y luego permitirles que se disuelvan en la luz del amor incondicional. ¡Es tan fácil entrar en una habitación oscura y encender la luz! ¿Qué le sucede a la oscuridad cuando la luz está allí? Desaparece; nunca fue real. Sucede lo mismo con nuestro ego, si amamos cada parte de nosotros y dejamos de juzgarnos podemos comenzar a sanar nuestro lado oscuro, aquél que hemos reprimido toda nuestra vida porque se nos dijo que era inaceptable. Esto me recuerda otra historia que una vez leí en el libro *Ascensión* de MSI.

Los Micos

Había una vez un rey cuyo reino estaba invadido por micos, lo cual le molestaba muchísimo pues eran tantos y tan molestos que nadie podía siquiera trabajar. Se comían los cultivos, dañaban o robaban las mercancías y las artesanías. El rey, desesperado por encontrar una solución, invirtió todos los recursos del reino para la exterminación de los micos. Sin embargo, por cada mico muerto se podría decir que dos más aparecían en la selva. Desesperado por no poder acabar con los micos y con su reino en bancarrota, el rey terminó su vida en la pobreza y la desesperación.

Su hijo mayor había constatado con espanto cuanto sucedía en el reino, y cuando subió al trono decidió que en lugar de intentar exterminar a los micos iba a encontrar la forma de que sirvieran al reino. Su primera acto fue tratar de ser amistoso con ellos y así mandó plantar árboles de plátano y banano en grandes cantidades. Cuál no sería su sorpresa al constatar que los micos estaban tan ocupados disfrutando de la fruta que dejaron de molestar a los ciudadanos. Incluso cuando un reino cercano intentó invadirlos, fueron los micos quienes lucharon más salvajemente para proteger su territorio. De la misma manera, en lugar de esforzarte en matar tu ego, ama cada parte de ti mismo incondicionalmente y deja de juzgarte. Sólo entonces podrá tu "lado oscuro" disolverse en la luz del amor incondicional.

Vive Como un Niño de Cuatro Años

En la primera esfera les digo a todos que traten de vivir como un niño de cuatro años. Cuando un niño de cuatro años está contento, se ríe, cuando está triste, llora y cuando está enojado, se permite estar enojado; si algo no le gusta lo expresa, sin juzgarse a sí mismo. Un niño de cuatro años se mueve inocentemente de una emoción a otra, sin reprocharse el pasado o preocuparse por no ser amado o por encontrar la aprobación de alguien. La verdadera libertad radica simplemente en permitirnos ser quienes realmente somos al 100% en cada momento.

Mientras más ascendemos, más rápido se mueven

nuestras emociones a través de nosotros. Mientras menos las juzguemos, más rápido comenzará la libertad, pues no somos nuestros pensamientos ni somos nuestras emociones. Esto es simplemente nuestra experiencia humana.

Todos Hacen su Papel Perfectamente

Todos están haciendo su papel de manera perfecta. ¿Crees que Sylvester Stallone hace su papel de Rambo y luego se juzga a sí mismo durante los siguientes seis meses o seis años por haber matado tantos vietnamitas? No, él está sólo actuando, está haciendo su papel en una película y será recompensado generosamente por ello. Tú también sólo estás actuando tu parte en la película de tu vida y es imposible lastimar a nadie a tu alrededor. Es también imposible que te lastimen, pues cada uno está haciendo su papel y cuando lo haces al 100% también serás recompensado, recompensado con tu libertad, la Verdadera Libertad. Aquella libertad que incluye estar libre de miedos, de buscar siempre el amor y la aprobación de otros, de lamentar el pasado, y estar libre de temer el futuro.

Estamos siempre reflejándonos el uno al otro y sólo puedes afectar a otras personas si reflejas una parte de ellos mismos, una parte que les molesta de sí mismos. Y esto lo consideramos un regalo pues les permites traer esa parte de ellos mismos que tenían escondida o que juzgaban como incorrecta, a la luz de la sanación. Recuerda que somos todos Dios, todos somos Dios. Cada uno es un maestro Creador, no hay Dios que no esté creando perfectamente en cada momento, y no hay víctimas.

Para experimentar la libertad absoluta debemos llegar al punto en que nada en el exterior nos afecte. Debemos pues, percibir todo lo que nos molesta en el exterior inicialmente como un regalo de liberación para mover toda la oscuridad y las emociónes reprimidas, juicios y creencias fuera de nosotros. Yo les pido que tomen ventaja de todo, que expresen todo, que utilicen cada parte de su creación y vean eso como algo bueno, que se alaben a sí mismos por expresar su ira, que se alaben a sí mismos por estar tristes, que se alaben a sí mismos por ser 100% reales. Este es el camino hacia la libertad absoluta.

Haz lo Opuesto de lo que te Enseñaron

Yo los aliento a practicar exactamente lo opuesto a todo lo que les han estado diciendo toda su vida y poco a poco, mientras comienzan a experimentar los resultados y se transforman en creadores en lugar de transformarse en víctimas, comienzan a experimentar la verdad de quiénes son realmente. Después de que les enseñamos a ascender, formamos grupos de apoyo, intensivos, todo lo posible para que continúen expandiendo su conciencia. Esta es una de las razones por las que estoy escribiendo este libro, como material de apoyo para aquellas personas que han aprendido a ascender y como material de inspiración para atraer a nuevas personas hacia la Ascensión.

Para mí, la Ascensión ha sido un milagro porque después de una larga jornada de búsqueda y luego de pasar por muchas técnicas y cursos, estoy en un punto en mi vida donde puedo decir, con completa honestidad, que mi vida es perfecta. Realmente nunca pensé que esto pudiera ser posible, es un regalo tan precioso y funciona tan rápido para aquellas personas que están dispuestas a dar un 100%, que las recompensas de la conciencia son inimaginables para nuestra mente limitada. Es mucho más que tu sueño más increíble; conocerte a ti mismo, ser como un niño pequeño es el regalo más grande que uno puede darse a sí mismo. Volver a la alegría y a la maravilla de la niñez mientras aún continuamos teniendo una experiencia madura, es un tesoro increíble. Las Actitudes de Ascensión son la llave para este cofre de tesoros, un cofre que está cerrado dentro de ti, así que toma la llave y abre el reino de los cielos que tienes dentro. Imagina que todo lo que se te ha dicho es mentira, una gran mentira para armar tu juego de limitación. Y ahora imagina que la totalidad de tu mundo puede cambiar sólo a través de movimientos sutiles de percepción, ya que todo radica en eso: tu percepción.

La Cucaracha

Había una vez un hombre que conducía por un camino en el campo y de pronto una de las ruedas de su auto se soltó. El hombre salió de su auto sintiendo que estaba en un dilema total, pues no sabía cómo poner de nuevo la rueda en su lugar y se maldijo a sí mismo por no haber ajustado esas tuercas correctamente. De pronto, escuchó una voz que venía de atrás y decía: "¡Oye amigo! ¿Tienes algún problema?". El hombre levantó la cabeza y vio a otro hombre sentado sobre un muro, y le respondió: "Sí, tengo un gran problema, pues tengo una cita urgente en el pueblo y una de mis ruedas se salió y no tengo tuercas de repuesto para colocarla nuevamente". El hombre sobre el muro dijo: "Quita una tuerca de cada rueda y entonces tendrás tres tuercas en cada una, lo que es suficiente para llevarte hasta el pueblo sin problema". El hombre del auto le dijo: "¡Por Dios! ¡Eres brillante! Nunca se me habría ocurrido eso". Arregló el auto, agradeció al hombre del muro y continuó su camino.

Al volver del pueblo, se sorprendió al ver al mismo hombre sentado en el muro. Paró, otra vez le agradeció su ayuda y le preguntó: "¿Qué haces sentado sobre el muro en la mitad de la nada?" El hombre replicó: "Detrás de la pared hay un asilo para enfermos mentales y yo vivo ahí". El hombre del auto estaba impactado y dijo: "No es posible que estés en un asilo para enfermos mentales, eres obviamente un hombre inteligente ya que me diste la solución para arreglar el automóvil. ¿Por qué entonces estás allí?". Y el hombre sobre el muro respondió: "Todo tiene que ver con una teoría que tengo". El hombre del automóvil le preguntó: "¿Qué teoría? Dime qué teoría". El hombre del asilo sacó una cajita de fósforos y dentro había una cucaracha, a la que le ordenó: "Cucaracha, corre por mi brazo" y la cucaracha corrió por su brazo. Otra vez le ordenó: "Cucaracha, da un salto en el aire" y la cucaracha dio un salto en el aire. El hombre del automóvil estaba totalmente asombrado, y exclamó: "Eres un genio, ¿cómo lograste entrenar una estúpida cucaracha para hacer esos trucos? "Por favor, dame la cucaracha y déjame ver si hace lo que yo le pido que haga". Él le dió la cucaracha.

Y el hombre del automóvil ordenó: "Cucaracha, corre hacia el auto y vuelve" y la cucaracha corrió hacia el auto y volvió. "Cucaracha, sube por mi pierna", y la cucaracha subió por su pierna. El hombre estaba estupefacto: "¿Cómo es posible que estés en un asilo para enfermos mentales cuando has sido capaz de entrenar a un estúpido insecto para hacer estos trucos increíbles? ¡Eres obviamente un genio!" El hombre del asilo le respondió: "Tiene que ver con mi teoría". Asombrado, el hombre del automóvil preguntó: "¿A qué te refieres con tu teoría? ¿Cuál es tu teoría?". El hombre del asilo levantó la cucaracha y despacito le arrancó cada una de las patas y le ordenó: "Cucaracha, sube por mi brazo", y la cucaracha se quedó ahí inmóvil. Entonces gritó: "Cucaracha, sube por mi brazo" pero la cucaracha no se movió. Lleno de ira tiró la cucaracha al suelo y saltó sobre ella gritando: "Cucaracha, sube por mi brazo, sube por mi brazo, sube por mi brazo" pero la cucaracha no se movió. Eventualmente se calmó y dijo: "Ésta es mi teoría, le arrancas las patas a la cucaracha y se vuelve sorda". Todo es cuestión de percepción, percepción, percepción.

¡Dulce Percepción! Todo es Para Mejor

Recuerdo el peor año de mi vida, era uno de esos años que están hechos de pesadillas. Tenía 28 años, era totalmente yuppie, centrada solamente en verme bien y hacer mucho dinero. Había comprado una propiedad el año anterior y estaba en el proceso de subdividirla. Había hecho un acuerdo con el consejo del pueblo y ya había vendido dos lotes, así pues creía que estaba destinada a hacer una fortuna. Puse mi propiedad a nombre de mis padres por motivos de impuestos y para facilitar préstamos del banco.

Recuerdo estar sentada en la mesa de la cocina y mi padre diciendo: "Debemos poner la propiedad a tu nombre; es mejor en caso de que suceda algo. Uno nunca sabe lo que puede pasar si hay una muerte en la familia y el dinero se vuelve un conflicto". Y recuerdo que me sentí impactada y le dije: "Confío en mi familia". Poco tiempo después, la tragedia comenzó. La primera cosa que sucedió fue que mi nana murió. Ella era quizás la persona más cercana a mí en el mundo, había vivido con mi familia toda mi vida y había sido como una madre para mí. La contemplaba en su lento fallecer y me aferraba de cada uno de sus últimos suspiros. No quería dejarla ir, recuerdo que me decía: "Es hora de que me dejes partir", pero yo no quería escuchar eso.

Luego mi abuela murió, dos de mis tías murieron también y, finalmente, un compañero con quien compartí mi vida por seis años fue diagnosticado con cáncer. Cuidé de él pero me tocó verlo irse dolorosamente mientras el cáncer le carcomía los pulmones. Era algo inconcebible para mí, que un hombre tan poderoso pudiera ser derrotado por una enfermedad a edad tan temprana. En el momento de su muerte ya no sosteníamos una relación, pero aun así teníamos una conexión emocional muy fuerte. Murió y el día de su muerte, a mi perro le diagnosticaron cáncer. Yo estaba muy apegada a mi perro, y estaba tan mortificada que permití que le amputaran una de sus patas para prevenir que el cáncer se esparciera, pero igual murió y luego me reproche a mí misma por permitir la amputación de su pata. Mi pareja en ese entonces me dejó al ser incapaz de entender mi dolor y luego, trece días antes de Navidad, mi padre murió repentinamente. Parecía que todos aquellos a los que amaba se morían o me dejaban.

Mi madre, quien es probablemente una de las personas más increíbles y poderosas que conozco, estaba golpeada igual o más por el dolor, ya que había perdido todo y además ya no poseía la seguridad de la juventud que a mí aún me quedaba. Ella había tenido poco antes una operación de cerebro, que la dejó lisiada e incapaz de tener una vida normal. Las dos personas más importantes en su vida habían muerto, su madre y su esposo, y se aferró a mi hermano mayor por seguridad. Entonces la advertencia de mi padre se hizo realidad. Apareció la rivalidad entre parientes y los celos de mi hermano salieron a la superficie, y me di cuenta de que él sentía mucho resentimiento hacia mí.

Para hacer corta la historia, todo colapsó incluyendo la economía, los intereses subieron por los cielos, el consejo negó mis subdivisiones y perdí todo. Y cuando digo todo, quiero decir absolutamente todo. Perdí todo aquello que me daba seguridad. El universo me había quitado el piso. Comencé entonces a beber, a ir de fiesta en fiesta, lanzándome a la locura con tal de evitar sentir la profunda pena y dolor que llevaba dentro. Pero nada podía impedir que sintiera las enormes olas de dolor que estallaban en las orillas de mi autocontrol.

Este fue el principio de mi retorno al Ser. Eventualmente, asumí la responsabilidad de mi vida y retomé el largo camino de regreso al Hogar, a la verdad de quien soy. Copiando un viejo cliché, el peor año de mi vida resulto ser el mejor. Todo lo que recibí de mi familia fue un regalo. Estoy segura de que su percepción acerca de mí fue igualmente desilusionante pero ese fue también un regalo para ellos. Hemos completado el círculo. Y también estoy segura de que cada miembro de mi familia tiene una percepción totalmente diferente de lo que sucedió y que todos sentimos la traición y la injusticia. A veces se necesita una cuchillada fuerte e imprevista para cortar las ataduras de la falsa seguridad y así permitirnos terminar la jornada hacia el Hogar, hacia al Amor Incondicional, hacia la Verdad de quienes somos.

El Pajarito y el Motociclista

Había una vez un motociclista que transitaba por una calle e involuntariamente atropelló a un pequeño pájaro. Se bajó de su motocicleta, levantó al pajarito que estaba aturdido y se lo llevó a su casa para cuidarlo. Lo puso en una jaula y lo dejó solo. Luego de unas pocas horas el pajarito retomó conciencia y al verse encerrado gritó desesperado: "¡Oh por Dios, debo haber lastimado a un humano! Me pusieron en prisión". Todo radica en la percepción, percepción, percepción. ¿A través de qué barrotes de limitación estás mirando?

¡Oye Dios! ¡Es hora de despertar!
¡Es hora de despertar a la verdad de quien realmente eres!

A veces no podemos ver
Todo el amor que nos rodea
Hasta que es hora de partir
Algún día lo sabremos pero para darnos cuenta
Primero debemos soltar
Cuando veas mi rostro en tus recuerdos
Y las lágrimas se agolpen en tu interior
Mi voz vendrá a ti suavemente
Como los ojos de un niño
Llenos de asombro y belleza
Permíteme hacer que tu corazón descanse
Nunca estoy lejos
Siempre serás bendecido con mi amor.

A veces, a veces

A veces no podemos ver
Todo el dolor que llevamos dentro
Hasta que hiere profundamente
Algún día sanarás pero para darte cuenta
Primero debes sentir
Cuando veas mi rostro en tus recuerdos
Y la risa que compartíamos
Cuando te mires al espejo
Sólo recuerda lo que te digo
Nunca estoy lejos
Siempre serás bendecido con mi amor.

A veces, a veces

Capítulo 8
Cómo Funciona la Ascensión

Cada vez que pienso una Actitud de Ascensión con mis ojos cerrados, mi cuerpo se relaja hasta alcanzar un estado de descanso profundo, doblemente profundo al descanso obtenido al dormir y sé que **puedo sanarme a mí misma** y entonces comienzo a desechar el estrés muy rápidamente. La consecuencia de esto es que nuestra salud empieza a mejorar, y cualquier comportamiento adictivo que usamos para suprimir emociones, empieza a desaparecer naturalmente. La razón por la que esto es cierto es que cuanto más limpiemos y mejoremos nuestro sistema nervioso, el deseo por comportamientos negativos y sustancias tóxicas empieza a disminuir naturalmente. A medida que estabilizamos este estado de paz, nuestras adicciones se reducen más y más.

Algunos ejemplos de comportamientos adictivos son fumar, beber, usar antidepresivos, abusar de drogas ilegales, abusar del sexo y muchos más. La razón por la que desaparecen naturalmente radica en que cada vez que usamos las Actitudes de Ascensión estamos en contacto con la fuente natural de paz, la Verdad de quienes somos, el Infinito, lo Divino, Dios. La belleza de estar en contacto con quienes somos radica en que es natural y no tiene un lado bajo, como los bajones que experimentamos con los comportamiento adictivos.

Adicciones y Tocando Fondo

La gente me cuenta mucho acerca de las adicciones. Yo pasé muchos años apoyando y salvando gente de todo tipo de adicciones y problemas cuando, en realidad, sólo estaba tratando de evitar mi propia miseria. Es bueno permitir que la gente toque fondo. Si quieren ser drogadictos, permíteles ser 100% drogadictos pues eventualmente tocarán fondo y cuando su copa esté totalmente vacía y no tengan donde más ir, la única salida será hacia arriba, será volver a casa, volver a la verdad. Como dijo el anciano: "¿Qué es bueno, qué es malo, quién sabe?". Yo creo que todo es para bien, ¿te causa impacto este pensamiento?

Todas las adicciones tienen picos, esto incluye la adicción a las relaciones. Los picos generalmente son seguidos por los bajones; el continuo subir y bajar del éxtasis a la agonía es de nunca acabar. El problema es que cuando nos apoyamos en algo externo a nosotros para sentirnos completos siempre existe el miedo constante a la pérdida, a que la "droga" no esté disponible, sea ésta una persona o una sustancia. La Ascensión tiene una consistencia sutil que se mantiene en constante expansión y mejoría.

Tan solo imagina un vaso lleno hasta el borde con agua. Si introducimos una pequeña piedrita se derramará por los bordes. En esta ilustración, el agua representa estrés y la pequeña piedrita representa agitación o nuevo estrés. Así es el sistema nervioso de la mayor parte de las personas. Están llenos de estrés y la menor agitación los hace desbordar, inclusive cuando pretenden no estar afectados. La mayoría de las personas están tan altamente tensas que sólo basta la más mínima motivación para que experimenten un disgusto, ya que sus sistemas están saturados hasta el límite con estrés. En el otro extremo está la gente cerrada, tan concentrados evitando sus reacciones que no tienen idea lo que está pasando realmente con ellos mismos a nivel emocional. Están caminando por ahí y los describimos como los "muertos vivientes". ¿Tiene algo de raro que tanta gente grite a los extraños mientras maneja en el tráfico, o que haya tanta rabia y violencia en el lugar de trabajo y la familia?

La Ascensión comienza a disolver el estrés acumulado en nuestro sistema nervioso muy rápidamente, y cuando yo asciendo con los ojos abiertos es como si tuviera un escudo protegiéndome del nuevo estrés que llega a cada momento.

Mecánicas de Ascensión: Manual para Quienes Ascienden

Cada vez que pienso una Actitud de Ascensión, mi cuerpo se relaja hasta un estado de descanso profundo y todo tipo de cosas ocurren. El cuerpo y la mente son una unidad, así que cuando el cuerpo se activa descargando estrés, la mente se activa y se mueven pensamientos. Algunas veces hay muchos pensamientos. Mucha gente que ha practicado otras formas de meditación puede pensar que los pensamientos son algo contra lo que hay que luchar o de lo cual hay que deshacerse, pero con la Ascensión trabajamos con ellos.

Tipos de Pensamientos Durante la Ascensión

Hay diferentes tipos de pensamientos que se pueden experimentar cuando ascendemos con nuestros ojos cerrados. Es muy importante tener en cuenta que no existen buenos o malos pensamientos. Por favor no juzgues tus pensamientos mientras asciendes. La gente me pregunta: "¿Y estos terribles pensamientos que estoy teniendo no crearán mi realidad?", y yo les respondo: "Cuando estás enfocado en la verdad, es desde allí desde donde crearás. La basura que está saliendo no es nada más que eso, basura. Nosotros no somos nuestros pensamientos ni tampoco nuestras emociones".

Algunas veces las ascensiones son muy profundas, algunas veces son muy superficiales y llenas de pensamientos. Ambos casos son perfectos. Termina tus 20 minutos o el tiempo que sea que estés ascendiendo con los ojos cerrados. No te detengas porque tus pensamientos te digan que debes hacer algo. Nosotros queremos que este estrés se vaya y la forma más rápida de lograrlo es terminando tu programa de Ascensión. No hay nada más importante que sanarte a ti mismo y eso es lo que estás haciendo cuando asciendes.

Otra cosa que puedes experimentar mientras asciendes es mucha energía, calor, frío o vibraciones en tu cuerpo. Mientras nos sanamos a nosotros mismos nuestro sistema nervioso se mejora de tal forma que podemos vibrar en una frecuencia diferente. Tú también puedes llegar a sentir que tus chakras se expanden. Cuando el chakra del corazón se expande, puedes llegar a sentir palpitaciones o una sensación de rasgado en tu pecho. Todos estos son productos secundarios de la Ascensión. Asimismo, también puedes llegar a experimentar dolor en viejas lesiones. Esto es simplemente estrés saliendo de las coyunturas, y es muy bueno ya que es este estrés el que causa la artritis y otras enfermedades. También puedes llegar a experimentar síntomas de viejas enfermedades porque los venenos están encerrados en tu sistema nervioso. Con el uso frecuente de la Ascensión, todos ellos saldrán muy rápidamente.

También puedes llegar a revivir en forma perfecta una situación del pasado que ha ocurrido en tu vida. Por ejemplo, yo reviví de manera muy vívida la experiencia aterradora cuando mis hermanos me enterraron hasta el cuello y me dejaron ahí. Experimenté mucha emoción cuando lo recordé. Esto era simplemente estrés saliendo de mí. No hay nada que temer, ya que nunca crearemos nada que no podamos manejar.

Puedes llegar a experimentar situaciones similares a los sueños. Por ejemplo, cuando yo era joven, *El Mago de Oz* era una película muy popular y la bruja mala del sur me asustaba mucho. Del mismo modo mi profesora de primer grado, la señora Houghton, me asustaba inmensamente. El primer día de colegio ella estaba enseñándonos las letras del alfabeto. Todos teníamos pequeños sombreros con nuestros nombres escritos y yo estaba tan inquieta que mi sombrero se me cayó. Me agaché para recogerlo y ella me gritó y jaló mi pelo, amenazándome con la correa si lo volvía a hacer. Estuve completamente atemorizada por ella durante todo mi primer grado. Cuando empecé a ascender por primera vez, tuve una visión de la señora Houghton montando una bicicleta, llevando un sombrero de bruja y cacareando perversamente. Éste es simplemente un ejemplo de dos o más formas de estrés saliendo al mismo tiempo, no es necesario recordar los eventos o intentar descifrarlos o analizarlos.

Cuando barremos el piso de la casa no estamos levantando cada pedacito de basura para analizarlo diciendo: "¡Oh, aquí hay un pedazo de arroz! Me pregunto qué querrá decir. Pronto, traigamos el libro de Louise Hay para ver qué quiere decir".

No, simplemente barremos la basura y la botamos afuera. Esto es lo que necesitamos hacer con el estrés que sale. Tan solo tirémoslo en el cesto de la basura sin intentar descifrar nada de su significado. Recuerda, cuando ascendemos vamos a la raíz del árbol y hay mucho estrés, saliendo muy rápidamente. Estamos tratando de liberar estrés, no de analizarlo para crear más.

Es posible que veamos colores o luces. Es posible que pensemos una Actitud de Ascensión y nos quedemos dormidos. La Ascensión siempre nos da lo que necesitamos. Si te quedas dormido con frecuencia, intenta ascender estando sentado. Si aun así te quedas dormido, entonces lo que necesitas es dormir. Otra cosa que puedes llegar a experimentar son diferentes emociones: permíteles aflorar y no trates de juzgarlas. Pero también puedes llegar a no sentir nada o experimentar sólo silencio. Cualquier cosa que ocurra de manera natural es perfecta. La Ascensión siempre está cambiando, así que, de una sesión a la siguiente, puedes llegar a experimentar cosas completamente diferentes.

Repaso

¿Es bueno tener muchos pensamientos mientras asciendo? Sí.

¿Está bien si me quedo dormido cuando asciendo? Sí.

¿Es normal ver colores? Sí.

¿Es normal sentir frío cuando asciendo? Sí.

¿Es normal sentir calor cuando asciendo? Sí.

¿Es normal sentir vibraciones en mi cuerpo cuando asciendo? Sí.

¿Es normal recordar cosas de mi infancia cuando asciendo? Sí.

¿Es normal tener visiones cuando asciendo? Sí.

¿Debo tratar de analizar mis visiones? No. Son tan solo estrés liberándose. Tíralo a la basura.

¿Es normal sentir dolor en viejas lesiones mientras asciendo? Sí. Estamos sanándonos a nosotros mismos a un nivel celular.

¿Es normal tener visiones que son como sueños? Sí. Es dos veces o más estrés siendo liberado.

¿Es normal tener muchos pensamiento cuando asciendo? Sí.

También es posible que ninguna de estas cosas ocurran. Cualquier cosa que pase naturalmente es perfecta. Tú simplemente piensas una Actitud de Ascensión, esperas y suavemente reintroduces la Actitud de Ascensión otra vez. Algunas veces la Actitud se desvanece, entonces suavemente regresa a ella. Algunas veces hay muchos pensamientos. Cuando te des cuenta de que no estás pensando una Actitud de Ascensión suavemente, regresa a ella. Si estás pensando Actitudes de Ascensión sin dejar espacio entre ellas, suavemente comienza a dejar un espacio de por lo menos unos segundos. No hay forma de que lo hagas mal. Cuando le dices a los niños que vayan afuera a jugar, ¿entran ellos corriendo a preguntarte si lo están haciendo bien? No, simplemente juegan y piensan que lo están haciendo perfectamente. Esto siempre es lo más difícil de entender para los adultos. La mayoría de las personas que aprenden a ascender dudan en algún momento de estar haciéndolo correctamente. A todos nos han enseñado que para que algo sea de valor necesitamos trabajar duro y hacerlo en la forma correcta.

Filtros para Aliviar el Estrés más Rápidamente

Imagínate que tu sistema nervioso es una piscina y todo el estrés acumulado es la suciedad del fondo de la piscina. Antes de que aprendas a ascender puedes mirar la "piscina" y constatar que se ve más o menos limpia desde la superficie. Una vez que empiezo a ascender es como si me sumergiera en la piscina, revolviendo el estrés y la piscina ya no se ve tan limpia desde la superficie. En este punto es cuando la gente desea parar de ascender, pues piensa que su vida era mejor antes. Tal como en una piscina, nosotros tenemos un sistema de filtrado para limpiar el estrés. La buena noticia es que tenemos una cantidad limitada de estrés en nuestro sistema nervioso. Existen tres filtros para ayudar a mover el estrés rápida y armoniosamente.

1. Toma de dos a tres litros de agua al día.
2. Haz ejercicio por lo menos durante (30) treinta minutos al día.
3. Siente todas tus emociones y no las juzgues como buenas o malas.

Si haces estas tres cosas todos los días junto con la Ascensión, tu vida será totalmente transformada más rápidamente de lo que puedes imaginarte. En el próximo capítulo explicaré cómo funciona la conciencia.

¡Oye Dios! ¡Es hora de despertar!
¡Es hora de despertar a la verdad de quien realmente eres!

El amor es libertad, no un oficio
El amor busca la paz, no la guerra
El amor vive en el corazón del hombre
Y disemina su luz
Por toda la Tierra.

Debemos pedir al ciego que escuche
Y debemos enseñarle al sordo a ver
Debemos liberar el corazón del hombre
Y unirnos mano a mano.

Te miro
me miras
Abrazando nuestra apatía
Tan atrapados en nuestras necesidades
Damos la espalda a nuestras sangrantes almas.

Debemos pedir al ciego que escuche
Y debemos enseñarle al sordo a ver
Debemos liberar el corazón del hombre
Y unirnos mano a mano.

Unámonos todos y cada uno
El cielo está realmente a nuestras puertas
Cuando liberemos el corazón del hombre
No volveremos a buscar en tierras lejanas
El amor es libertad, no un oficio.

Capítulo 9
La Conciencia es Libertad

La conciencia es como una banda de caucho. Se expande y se contrae pero nunca vuelve a tener su tamaño original, siempre se está ampliando. Cada vez que nuestra conciencia se expande experimentamos más y más libertad. Desde el momento en que empezamos a ascender, nuestras vidas instantáneamente empiezan a mejorar porque cada vez que pensamos una Actitud de Ascensión estamos en contacto con la verdad de quienes somos y nuestra conciencia se expande de manera natural. No hay nada más poderoso que estar conectado con la Fuente de Todo Amor.

Existen tres estados de conciencia con los que estamos familiarizados: vigilia, sueño y ensoñación. Cuando estamos despiertos estamos alerta pero no experimentamos mucho descanso. Cuando estamos dormidos experimentamos mucho descanso pero no estamos alerta. Cuando estamos soñando no experimentamos ni mucho descanso ni estamos alerta. Hay otro estado de conciencia, que es natural para la mente humana, y es la conciencia del ascendente. Cuando ascendemos, experimentamos el doble del descanso que experimentamos cuando dormimos pero a la vez estamos muy presentes y alerta a nuestro ambiente y a lo que ocurre a nuestro alrededor. Se podría decir que es el estado último de conciencia: estar en un espacio de paz y aun así estar totalmente conciente y alerta.

Conciencia Perpetua

Imagina que eres un bote en el océano. Las Actitudes de Ascensión son como un ancla y la verdad de quien eres es el fondo del océano. Las olas representan tus pensamientos, emociones y dramas. Cada vez que piensas una Actitud de Ascensión, el ancla se clava en el fondo del océano, a la verdad de quien eres. Luego tus emociones, dramas y pensamientos sacan el ancla del fondo, y te vuelves a anclar a la verdad, a la fuente de toda la paz, al Infinito, con solo pensar una Actitud de Ascensión, y otra vez tus emociones, dramas, y pensamientos liberan el ancla. Pero cuando la ascensión es practicada por un período de tiempo, hallarás que tu ancla se engancha y nada la puede sacar de la verdad de quien eres. No importa qué pensamiento, emoción o dramas estén ocurriendo en la superficie, o qué tan fuerte se ponga el mar, nada puede sacar el ancla del Infinito, de ese espacio de paz completa y amor incondicional. Lo que ocurre es que empiezas a ser testigo de tus pensamientos y emociones desde un lugar de paz fundamental. A esto se le llama Conciencia Perpetua porque siempre está ahí.

Conciencia Exaltada

Otra cosa que puedes llegar a experimentar es ver el Infinito desde el exterior. Los colores se tornan más brillantes, los sonidos se tornan más claros, puedes llegar a escuchar el sonido subyacente de la creación, el OM, que siempre está presente. Si de niño experimentaste la magia de las hadas y seres celestes, es posible que empieces a experimentar otra vez este tipo de cosas. Puedes llegar a ver el Infinito en los ojos de otras personas como si una luz se hubiese encendido. Toda esta magia y color es la expresión de la Conciencia Exaltada.

Conciencia Unificada

La banda de caucho sigue expandiéndose y contrayéndose, expandiéndose y contrayéndose y finalmente el caucho se rompe. Es entonces cuando toda separación se desmorona. Es entonces cuando despertamos y recordamos la verdad. Recordamos que somos el creador, la creación, que somos todos uno, que siempre hemos sido uno y que lo único que existe es el amor. Es entonces cuando toda separación se desmorona y podemos ver a través de la ilusión. Es ahora cuando el juego se presenta a sí mismo tal cual es: un juego; y la diversión comienza realmente. A esto lo llamamos Conciencia Unificada o Iluminación.

Ninguna de estas cosas tiene sentido para el intelecto. La única forma de entender la conciencia es a través de la experiencia. Experimentar el desplegar de la verdad; por esto es que la ascensión es equiparada al eslabón perdido, pues nos permite experimentar la Verdad en vez de darnos más teorías y conocimientos a nivel intelectual. Sigue ascendiendo y permite que la magia se desenvuelva.

Las Águilas que Creyeron que eran Pollos

Había una vez un granjero que estaba escalando una

montaña y cerca de la cumbre encontró un nido de águila en el que había dos huevos. Los tomó, los llevó a su casa y los puso debajo de una gallina que estaba empollando sus propios huevos. Cuando todos nacieron, la gallina pensó que dos de ellos se veían un poco feos y torpes, pero ella sabía que era su madre y los amó y trató igual que a los demás.

Era una madre muy amorosa, diligente y trabajadora y sabía que era muy importante criar a sus polluelos del mismo modo que su madre la había criado a ella. También sabía que si sus polluelos querían salir adelante y ser productivos en el mundo de las gallinas, tendrían que recibir mucho entrenamiento. Lo primero que tuvo que enseñarles fue a buscar su propia comida manteniendo abajo su cabeza y escarbando continuamente en la tierra para encontrar gusanos y tiras de pasto. Por todo el gallinero siempre se podía escuchar a la mamá gallina recordándoles a sus polluelos: "Mantengan la cabeza abajo y busquen tiras frescas de pasto y gusanos. No es bueno que pierdan el tiempo mirando a ningún otro lado que no sea al suelo. Si quieren crecer para ser fuertes y exitosas, esa es la única forma de hacerlo".

La mamá gallina creía que la granja era todo lo que existía y no había nada fuera de la cerca que rodeaba el gallinero que fuera de importancia. De hecho, ella creía que cualquiera que estuviera fuera de la cerca estaba en grave peligro y podría encontrar una muerte segura. Su madre le enseñó esto a ella y, por supuesto, esa era La Verdad, Su Verdad.

Un buen día consideró que sus polluelos ya habían crecido lo suficiente como para enseñarles a volar. Pero cuando las águilas bebés batieron sus alas se elevaron muy alto y su madre las regañó por hacer quedar mal a sus hermanos y hermanas dado que las gallinas de la granja sólo podían volar tan alto como las ramas bajas del viejo roble del gallinero.

Una de las jóvenes águilas exclamó: "Yo sé que puedo

volar muy alto, mami, por favor déjame practicar para que te pueda mostrar". La madre gallina se molestó mucho y le dijo a la joven águila que era ridícula y que debería dejar de soñar con lo imposible: "Todo el mundo sabe que la cosa más importante para las gallinas es mantener la cabeza abajo y siempre buscar comida, ¡es la única forma de ser una gallina!".

Más tarde, la joven águila le dijo a su hermano mayor: "Yo sé que podríamos volar muy alto si tan solo practicáramos. ¿Por qué no probamos esta noche cuando todos estén durmiendo y vemos qué tan alto podemos ir?". Su hermano, estupefacto, dijo: "¿¡Estás loca!? A mamá no le gustaría eso. No seas ridícula, somos gallinas y las gallinas no vuelan alto".

Por más que trató de convencer a su hermano mayor, éste rehusó escucharla porque temía disgustar a su mamá, sin mencionar siquiera al resto de su familia y amigos. "Además", pensó, "todo el mundo sabe que las gallinas no pueden volar alto". Y fue así como la joven águila se pasaba las noches soñando con volar y pasaba el día mirando hacia el cielo. Un día miró arriba y vio un ave volando más alto de lo que jamás imaginó que alguien pudiera volar, y gritó emocionado: "¡Mamá, mira! ¿Qué es eso?". Su madre le dijo: "Es un águila, hija, las águilas vuelan alto en el cielo y nosotros las gallinas permanecemos aquí abajo mirando siempre al suelo. Deja de perder el tiempo mirando hacia arriba y soñando tanto. ¿Por qué no puedes agradecer lo que tienes en vez de querer siempre más? ¿Por qué no puedes ser como tus otros hermanos?".

Pero la joven águila no podía quitarse de la cabeza la visión de aquella maravillosa águila volando muy alto en el cielo y fue entonces cuando decidió escabullirse cada noche a practicar el vuelo mientras todos dormían. Le asombró la rapidez con que aprendió a volar por encima de la granja, y se maravilló ante la constatación de que la granja no era lo único que había en el mundo. Había muchas montañas y ríos que no podían verse desde el gallinero. Se sintió muy libre volando alto y le impresionó lo fácil que era remontarse en el cielo cuando el viento soplaba fuertemente contra él. El mundo era mucho más grande de lo que jamás había imaginado y esta constatación hizo pedazos todas sus creencias acerca de la realidad. ¡Lo que su madre le había enseñado no era la Verdad!

Estaba tan abrumado por la dicha que decidió volver a hablar con su madre, pero ella se desilusionó muchísimo y llorando de frustración le dijo: "¿Por qué siempre vas en contra de mis deseos? Todo lo que he hecho es amarte y protegerte. Te enseñé a ser una gallina existosa y productiva y sin embargo rehúsas escucharme. Si insistes en ese sinsentido no podrás seguir perteneciendo a esta familia. Si no quieres ser como nosotros, entonces no puedo ayudarte. Más bien deja de hacer quedar mal a tus otros hermanos con ese comportamiento. ¿Qué van a pensar los vecinos?".

La joven águila debía elegir. ¿Escogería realizar su mayor deseo: ser libre y experimentar todo lo que había en la vida? Sabía que su madre estaba haciendo lo mejor que podía, pero ella partía de un punto de miedo. Así que un día voló lejos y conoció otras águilas como ella y surcó los cielos muy alto sobre la Tierra. Su hermana mayor, en cambio, se quedó en la granja, temió asumir su grandeza y prefirió la seguridad, el amor y la aprobación de su familia y amigos. Murió pensando que era una gallina.

Así pues, ¿deseas ser libre como la joven águila, volando más alto de lo que jamás imaginaste? ¿O prefieres comprometer la grandeza de tu ser cediendo para ganar amor, aprobación y sentimiento de seguridad? ¿En qué áreas de tu vida sigues cediendo? Pregúntate esto cada día.

¡Oye Dios! ¡Es hora de despertar!
¡Es hora de despertar a la verdad de quien realmente eres!

Sé que soy amor
La luz me rodea
Y sé que soy toda
La belleza que me rodea
Sé que mis deseos
Esperan su momento
Y sé que no puedo estar contigo
Dios tiene sus razones.

Cuando mi dolor me hunde
El amor me eleva
Cuando mis miedos me cercan
El amor me eleva
Sé que mi deseo
Espera su momento
Y sé que no puedo estar contigo
Dios tiene sus razones.

Tengo lecciones que aprender
No puedo ir más profundo
Muchas montañas que escalar
No pueden ser más empinadas
Y sé que este amor
Debe venir de mi interior
Dejo partir toda necesidad
Cuando Dios esté listo me puedes encontrar.

Capítulo 10
Las Siete Esferas

Las Veintisiete Técnicas de Ascensión

La velocidad de progreso en la Ascensión depende del individuo. Para aquellos que se mueven rápido y sin problemas, es valioso que aprendan las dieciséis técnicas de las primeras Cuatro Esferas en secuencia rápida: una nueva técnica puede ser adquirida cada dos semanas. Y aun las técnicas más avanzadas y sutiles de las Tres Esferas finales pueden ser dadas de forma rápida a aquellos que deseen crecer por encima de todo. Al final, la evolución depende completamente del deseo del individuo, de cuán rápido uno desea avanzar en el desarrollo pleno de la conciencia.

I. Raíces del Estrés

1. ALABANZA. La Actitud de Alabanza corrige el estrés fundamental del mundo moderno acerca de que hay algo malo en la vida del individuo. Esta Actitud por sí sola es suficiente para generar iluminación plena, pero debido al hábito de la mayoría de los individuos de forzar y dividir la mente, más

técnicas habitualmente se requieren para un desarrollo perfecto. Sin embargo, la primera Actitud es suficiente por sí misma y usualmente es la más útil para transformar los más densos niveles de creencias y juicios acerca de la vida. Esta Actitud, más que todas las otras, se puede usar a cualquier hora del día o de la noche cuando parezca que la vida del individuo no está progresando como debiera.

2. GRATITUD. La Actitud de Gratitud es semejante a la primera en cuanto a su poder de transformar la raíz del estrés de la vida moderna. El enfoque de esta Actitud está en el mundo objetivo. Esta técnica ha sido diseñada para curar todas las ideas, creencias y conceptos erróneos que tenemos acerca del cuerpo y del Universo externo. Es la llave maestra para revelar y sanar las creencias dañinas acerca de las limitaciones del cuerpo, de la enfermedad y de la muerte; también es el primer paso hacia la maestría del mundo externo. Como tal, es invaluable para sanar enfermedades de todo tipo.

3. AMOR. Para muchos, la Actitud del Amor es la más dulce de las tres primeras; está diseñada para sanar todas las ideas falsas que tenemos acerca de nuestra relación con el propio Ascendente. Juntas, las primeras tres técnicas son capaces de remover todas las creencias y los juicios acerca de la naturaleza limitada de las tres divisiones primordiales de la vida humana: el mundo subjetivo, el objetivo y el espiritual. Estas tres Actitudes juntas son suficientes para que cualquiera llegue a la iluminación. Las técnicas más adelantadas son para acelerar el proceso.

4. COMPASIÓN. La Cuarta Técnica clarifica la relación del individuo con el resto de los seres humanos y con los animales. Invencibilidad en la vida humana es el resultado de

la maestría de la Conciencia. Esto está basado en la calidad de no ser nocivo. No ser nocivo se llama *Ahimsa* en literatura antigua. Maestría de *ahimsa* significa que no existe criatura que pueda sentir enemistad contra ti, ni que pueda dañarte conscientemente. El no ser nocivo se establece mediante el total desarrollo de la compasión, lo cual es el subproducto automático de esta técnica. Compasión Universal es el requisito para la iluminación desde el punto de vista del Ascendente. Sólo aquellos que demuestren que no abusarán de su poder, recibirán la llave que abrirá a la Puerta de Todo.

Estas primeras Cuatro Técnicas son suficientes para establecer Conciencia Perpetua, pero el nivel de crecimiento será más lento de lo que podría ser. Al mismo tiempo que el cuerpo comienza a liberar estrés y la claridad de la mente se hace más grande como resultado de la Ascensión, el deseo de aprender técnicas más poderosas y sutiles será mayor. Cada Esfera de técnicas es más poderosa y refinada que la que le precede. Son como una espiral que incrementa la experiencia, la percepción y el conocimiento.

Una de las funciones de las Esferas avanzadas es desarrollar los profundos centros de energía del cuerpo, lo que se conoce en la literatura antigua como chakras (literalmente, y en Occidente eso se traduce como "ruedas de fuego"). Los chakras se encuentran a lo largo de la columna vertebral, comenzando en su base y subiendo hasta la corona de la cabeza. El desarrollo de cada uno de estos siete centros se requiere para alcanzar la iluminación total. La Ascensión nos provee de un método para obtener esto en forma altamente efectiva y sin esfuerzo.

La localización de las chakras en el cuerpo corresponde con los sitios donde se encuentran los nervios gangliares más importantes en la columna vertebral. Las chakras controlan, entre otras cosas, secreciones hormonales, cambios en la circulación, presión arterial, respiración, nivel de azúcar en la sangre, excitación neuromuscular, y las glándulas endocrinas. En Occidente, la imagen de los chakras se traduce en la imagen del Caduceo, el tradicional símbolo de las artes curativas, usado por hospitales y farmacias, que es como una vara larga con dos serpientes entrelazando sus cuerpos mientras suben por la vara, donde al final se extienden dos alas. Las alas de águila abiertas al final, representan la conciencia plena, totalmente desarrollada. El nivel más alto de iluminación se representa en el chakra de la corona de la cabeza. El cuerpo de la vara representa la sushumna, *el canal central de la columna vertebral a través del cual la energía sube para traer consigo la iluminación. Las dos serpientes representan los dos canales más sutiles que corren a través de la sushumna: ida y pingala. Los chakras están localizados justo donde ida y pingala se cruzan. Ida y pingala se originan en la base de la columna vertebral y terminan en el sexto chakra, en el centro de la cabeza. Pingala es blanca y lleva consigo energía solar y las fuerzas diurnas. Esta energía mueve nuestra conciencia hacia arriba, hacia lo racional. Ida es negra y lleva consigo energía lunar y las fuerzas nocturnas. Su movimiento es hacia abajo y nos lleva hacia el subconsciente donde experimentamos regeneración e intuición. En una persona promedio, la energía de la vida fluye primordialmente a través de ida y pingala, llevando energía a los órganos de los sentidos y a las facultades conscientes que mantienen la ilusión del mundo. Es sólo con el despertar de la iluminación que la energía fluye libremente y completamente hacia arriba por el canal central, la sushumna. Cuando esto sucede, los chakras revierten la orientación hacia abajo y hacia dentro, a una orientación hacia afuera y hacia arriba.*

Los chakras conectan nuestra conciencia con nuestros cuerpos. En el estado despierto de conciencia, la mente experimenta caos: al menos 50.000 pensamientos incoherentes corren a través de la mente del individuo cada día, muchos de ellos mutuamente contradictorios, deseando lo inútil o lo imposible. El cuerpo físico intenta responder a estos caóticos patrones de pensamientos, pero la imposibilidad de hacer esto resulta en enfermedades, falla de los órganos, envejecimiento y eventualmente, muerte. Casi toda nuestra energía mental se desperdicia cada día en esta forma auto-destructiva. Una vez que liberamos a la mente de la fuente de estos 50.000 pensamientos (las defensas, complejos, compulsiones adictivas de nuestros juicios y creencias habituales), la energía de conciencia plena sube por la columna vertebral, avivando cada uno de los siete chakras, dando como resultado silencio interno, perfecta conciencia del Ascendente, y regocijo total y permanente.

II. El Universo

5. LA SOLAR. El resultado de Actitud Solar de la Ascensión es empezar a despertar la función más alta de la conciencia humana: *sahasrara*, la flor de Loto, de luz de mil pétalos en la corona de la cabeza: el séptimo chakra. Maharishi Patanjali, autor de las Sutras de Yoga (alrededor de 3.000 a.C.), describió los resultados de la maestría de la Actitud Solar como el "conocimiento de las Regiones Cósmicas". Las Regiones Cósmicas son los siete planos de la existencia o luz que rodea e impregna nuestro Universo de nombre y forma. La maestría de la Técnica Solar nos da conocimiento de cada uno de estos planos individualmente y en conjunto. También es una herramienta poderosa para el desarrollo del más alto grado de iluminación humana, la Conciencia Unificada. La maestría de la Conexión Solar nos abre hacia los Mundos Causales; allí es donde vamos cuando morimos. Esto se llama el Sendero de los Sabios.

6. LA LUNAR. La Actitud Lunar desarrolla el poder intuitivo del sexto chakra, *Ajna*, "el tercer ojo". Patanjali describe el resultado de maestría de la Técnica Lunar como conocimiento completo del firmamento. Otro resultado de esta Actitud es el desarrollo de Soma, la goma del Universo que es

responsable de la percepción celestial en el segundo nivel de iluminación o la Conciencia Exaltada. La Luna es llamada el "Estanque de Soma" en la literatura antigua, porque el enfoque en ella naturalmente produce esta molécula en el cuerpo. La maestría de la Conexión Lunar abre al aspirante al mundo de lo virtuoso, al cielo de nuestros antepasados, al Sendero de los dioses. Si abandonamos nuestros cuerpos en este nivel cuando nos morimos, esto nos lleva a las Regiones Astrales. Esto se considera una salida más baja que la salida Solar. La diferencia corresponde al nivel diferente de iluminación. Aquellos que mueren en Conciencia Perpetua o Conciencia Exaltada siguen el Sendero de los dioses; aquellos que mueren en Conciencia Unificada siguen el Sendero de los Sabios.

7. LA TERRENAL. La séptima Técnica ha sido diseñada para facilitar el movimiento de la conciencia tan vital para el desarrollo de la Unidad. También está diseñada para remover la última separación entre el individuo y el Universo, anverso de la Actitud del Amor, y la completa. Provee protección de cualquier accidente. La Actitud Terrenal crea un nivel refinado de "espectador", la marca de Conciencia Perpetua, y ayuda en el desarrollo de la percepción celestial de la Conciencia Exaltada, el segundo nivel de iluminación.

8. PAZ. La octava Técnica establece Paz con todo lo relativo a la creación, por lo tanto estabiliza más el no sufrir daño alguno. También tiene el efecto de confirmar la más importante relación del individuo con la Fuente de Todo lo que es: el ser limitado se entrega al Infinito. Esta Técnica tiene el efecto de estabilizar solamente la relación correcta con el Ascendente y esto naturalmente resulta en una aceleración del progreso. También es la llave de la habilidad para realizar todos los deseos, y desarrolla enormemente la percepción celestial.

III. El Cuerpo del Ascendente

9. BELLEZA. Nos dota con la experiencia de la Realidad, el aspecto más importante del Ascendente. También desarrolla Soma y la percepción celestial. Cuando se obtiene su maestría, el segundo nivel de iluminación se hace permanente.

10. LUZ. La décima Técnica se enfoca en el pétalo más interno del sexto chakra, el pétalo que desarrolla la perfecta intuición. La maestría de esta Actitud nos da completo conocimiento de todo lo que hay para saber, y nos asegura Conciencia Perpetua.

11. FUERZA. La maestría de esta Actitud estructura la habilidad para sanar cualquier enfermedad del aspirante o de cualquier otra persona. También desarrolla percepción celestial y la Conciencia Exaltada.

12. SILENCIO. Esta Técnica estabiliza la inmovilidad de la Conciencia Infinita, y establece más sólidamente la relación con la cualidad Suprema del Ascendente. También tiene el efecto de abrir el primer chakra o el chakra de raíz, *Muladjara,* en la base de la columna vertebral.

IV. El Cuerpo del Amor

13. MAESTRÍA. Desarrolla perfecta maestría del cuerpo y del mundo. Complementa la undécima desarrollando completa habilidad para sanar el cuerpo. Patanjali dijo que la maestría de esta técnica trae como resultado el conocimiento completo de todos los sistemas del cuerpo. Esta Actitud desarrolla el tercer chakra, el chakra del ombligo, *Manipura.*

14. PODER. La decimocuarta Técnica domina al deseo. En su etapa final de desarrollo, trae consigo la habilidad de manifestar en forma toda palabra, cualquier cosa que se verbaliza, se hace realidad. Esta Actitud desarrolla el quinto chakra, *Visuddha*, que se encuentra en la garganta.

15. CENTRO. Esta Actitud desarrolla la percepción celestial, la Conciencia Exaltada, el segundo pétalo exterior del sexto chakra, *Ajna*, y desarrolla a su vez la conciencia continua del aspecto más importante del Ascendente. También desarrolla una habilidad refinada para utilizar el intelecto y estabiliza el poder de intuición.

16. INVENCIBILIDAD. La decimosexta Técnica desarrolla la realidad inmutable del amor perfecto. Es la primera aplicación directa de la Conciencia al, bien importante, cuarto chakra, *Anahata*, el chakra del corazón. La Técnica desarrolla la relación con el poder del Ascendente y la completa percepción de las cualidades más refinadas del Ascendente. Como tal, es una técnica muy poderosa para el desarrollo del segundo nivel de la iluminación o la Conciencia Exaltada.

V. Gloria

17. GLORIA. La decimoséptima Actitud refina aun más el sexto chakra, *Ajna*. Desarrolla la cualidad del *Sat* (Absoluto), la cualidad Absoluta del Ascendente y conecta la individualidad con la perfecta esencia de la Verdad. La Actitud también refina el desarrollo de la Sexta Actitud haciendo más firme la relación con el Sendero de los dioses, el Sendero Lunar.

18. REGOCIJO. Esta Actitud desarrolla la total utilización

de *sushumna* y refina aun más el séptimo chakra, *Sahasrara*. Desarrolla el *Ananda* (regocijo), la cualidad de gozo del Ascendente, conectando al individuo con el gozo sin límites. También refina el desarrollo de la quinta Actitud haciendo más firme la relación con el Sendero de los Sabios, el Sendero Solar.

19. VIDA. Esta Actitud abre las puertas hacia vida física indestructible. También desarrolla *Amrita*, la molécula de la inmortalidad, y el segundo chakra, *Svadhisthana*, el cual se asocia con los órganos sexuales. Es la esencia de dominar el dominio mismo. El desarrollo completo de esta Actitud trae consigo la habilidad para transformar la conciencia de otros a través del movimiento de tu Conciencia Ilimitada hacia la de ellos.

20. SABIDURÍA. La maestría de esta técnica resulta en la estabilización del refinamiento de la Conciencia Unificada también conocida como el conocimiento de todo conocimiento.

VI. Revelación

(Nota: Se necesita que se haya adquirido un alto y refinado nivel de conciencia antes de que estas técnicas finales sean aprendidas. Las Técnicas de Revelación revelan directamente la naturaleza de lo que yace bajo la Realidad.)

21. CONEXIÓN. La maestría de la primera Técnica de revelación nos da conocimiento pleno de la conexión del Alma con el Ascendente, las cualidades del Alma, y las cualidades del Ascendente.

22. DISTINCIÓN. La segunda Técnica de revelación está diseñada para quemar de una vez por todas lo que quede de la

individualidad limitada yendo directamente al corazón del Ascendente.

23. CARACTERÍSTICAS. Desarrolla la percepción de la Luz Infinita del Ascendente en todas sus múltiples formas.

24. FE. Desarrolla el conocimiento completo de fe y la perfecta atención a sólo un causa.

25. ETERNIDAD. La quinta Técnica de Revelación estabiliza el más alto nivel de conciencia, el *Chit* (Conciencia), el valor más alto de conciencia del Ascendente.

26. EL HILO DE LAS ALMAS. La Técnica final de revelación desarrolla conciencia completa de *Sutra Atman:* el eslabón que conecta a todas las almas.

VII. Brahman

27. ESPLENDOR OMNIPRESENTE. La Técnica final une todas las distintas partes de la personalidad al Ascendente, para establecer Unidad permanentemente.

La séptima Esfera también contiene las Técnicas avanzadas decimoctava y decimonovena. Todas éstas en conjunto forman lo que se conoce como Técnicas de la Inmortalidad...

MSI